AF276309

COLEX

eBook gratuito en COLEX Online

⊛ Acceda a la página web de la editorial **www.colex.es**

⊛ Identifíquese con su usuario y contraseña. En caso de no disponer de una cuenta regístrese.

⊛ Acceda en el menú de usuario a la pestaña «Mis códigos» e introduzca el que aparece a continuación:

RASCAR PARA VISUALIZAR EL CÓDIGO

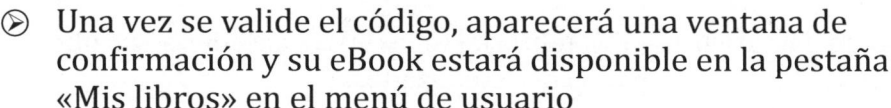

⊛ Una vez se valide el código, aparecerá una ventana de confirmación y su eBook estará disponible en la pestaña «Mis libros» en el menú de usuario

No se admitirá la devolución si el código promocional ha sido manipulado y/o utilizado.

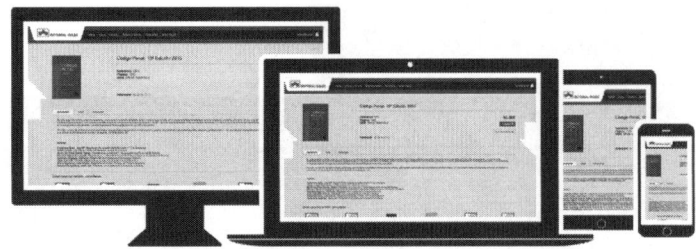

¡Gracias por confiar en Colex!

La obra que acaba de adquirir incluye de forma gratuita la versión electrónica. Acceda a nuestra página web para aprovechar todas las funcionalidades de las que dispone en nuestro lector.

Funcionalidades eBook

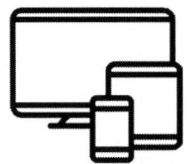

Acceso desde cualquier dispositivo

Idéntica visualización a la edición de papel

Navegación intuitiva

Tamaño del texto adaptable

Puede descargar la APP "Editorial Colex" para acceder a sus libros y a todos los códigos básicos actualizados.

Síguenos en:

EJECUCIÓN DE SENTENCIAS EN EL ORDEN CONTENCIOSO-ADMINISTRATIVO

EJECUCIÓN DE SENTENCIAS EN EL ORDEN CONTENCIOSO-ADMINISTRATIVO

Aspectos teórico-prácticos sobre el procedimiento de ejecución de sentencias en el orden contencioso administrativo

2.ª EDICIÓN 2024

Obra realizada por el Departamento de Documentación de Iberley

COLEX 2024

Copyright © 2024

Queda prohibida, salvo excepción prevista en la ley, cualquier forma de reproducción, distribución, comunicación pública y transformación de esta obra sin contar con autorización de los titulares de propiedad intelectual. La infracción de los derechos mencionados puede ser constitutiva de delito contra la propiedad intelectual (arts. 270 y sigs. del Código Penal). El Centro Español de Derechos Reprográficos (www.cedro.org) garantiza el respeto de los citados derechos.

Editorial Colex S.L. vela por la exactitud de los textos legales publicados. No obstante, advierte que la única normativa oficial se encuentra publicada en el BOE o Boletín Oficial correspondiente, siendo esta la única legalmente válida, y declinando cualquier responsabilidad por daños que puedan causarse debido a inexactitudes e incorrecciones en los mismos.

Editorial Colex S.L. habilitará a través de la web www.colex.es un servicio online para acceder a las eventuales correcciones de erratas de cualquier libro perteneciente a nuestra editorial, así como a las actualizaciones de los textos legislativos mientras que la edición adquirida esté a la venta y no exista una posterior.

© Editorial Colex, S.L.
Calle Costa Rica, número 5, 3.º B (local comercial)
A Coruña, 15004, A Coruña (Galicia)
info@colex.es
www.colex.es

I.S.B.N.: 978-84-1194-275-1
Depósito legal: C 124-2024

SUMARIO

1. EJECUCIÓN DE SENTENCIAS EN EL ORDEN
   CONTENCIOSO-ADMINISTRATIVO 9

2. PROCESO DE EJECUCIÓN DE SENTENCIAS EN EL ORDEN
   CONTENCIOSO-ADMINISTRATIVO 21

3. CONDENA A LA ADMINISTRACIÓN AL PAGO DE UNA
   CANTIDAD LÍQUIDA EN EL ORDEN CONTENCIOSO 39

4. EJECUCIÓN DE SENTENCIAS QUE CONDENAN A LA
   ANULABILIDAD DE UN ACTO O DISPOSICIÓN, O A
   REALIZAR UNA ACTIVIDAD O ACTO 49

5. CUESTIONES INCIDENTALES EN LA EJECUCIÓN DE
   SENTENCIAS EN EL ORDEN CONTENCIOSO 69

6. EJECUCIÓN DE SENTENCIAS EN MATERIA TRIBUTARIA,
   DE PERSONAL AL SERVICIO DE LA ADMINISTRACIÓN
   PÚBLICA Y DE UNIDAD DE MERCADO 77

7. CONCLUSIÓN DE LA EJECUCIÓN DE SENTENCIAS EN EL
   ORDEN CONTENCIOSO. 89

ANEXO.
FORMULARIOS

Escrito de incidente de ejecución de sentencia en procedimiento
contencioso-administrativo 97

Demanda instando la extensión de efectos de sentencia reconociendo
el derecho a ser indemnizado por los periodos de descanso no disfrutados . 101

Formulario de oposición a incidente de imposibilidad de ejecución de
sentencia (art. 105.2 LJCA) 103

Demanda de ejecución de sentencia contencioso-administrativa de
condena a pago de cantidad líquida 107

Escrito de parte instando la ejecución de sentencia contencioso-
administrativa ante el juzgado de lo contencioso-administrativo 111

Demanda de ejecución de sentencia contencioso-administrativa de
condena a la anulabilidad de un acto o disposición 113

1.
EJECUCIÓN DE SENTENCIAS EN EL ORDEN CONTENCIOSO-ADMINISTRATIVO

LECTURAS RECOMENDADAS

CHAVES GARCÍA, José Ramón:

- «Inejecución de sentencias: hasta el rabo, todo es toro», en el blog *delaJusticia.com*, 14 de enero de 2016.

- «Conflicto y colaboración de las administraciones públicas en la ejecución de sentencias contencioso-administrativas», en *Revista española de control externo* (Tribunal de Cuentas), número 59, vol. XX, mayo 2018, págs. 43-64.

- «Cuando los autos burlan la ejecución de sentencias», en el blog *delaJusticia.com*, 26 de febrero de 2019.

- *Ejecución de sentencias en los procesos contenciosos-selectivos*, El Consultor de los Ayuntamientos (Wolters Kluwer), Madrid, 2020.

DE DIEGO DÍEZ, L. Alfredo:

- *Sin ejecución del fallo no hay Justicia*, Fe d'erratas, Madrid, octubre 2016.

- *¡SOS: Administración hostil! Cómo actuar (medidas coercitivas frente a la Administración reacia al cumplimiento de sentencias)*, Colex, A Coruña, 2017.

PÉREZ ALONSO, Jorge: «La ineficacia del sistema de ejecución de sentencias en lo contencioso-administrativo: reflexiones a raíz de la legislación, la jurisprudencia. La realidad cotidiana: ejemplos prácticos de modelos de "inejecución" de sentencias», en *Revista General de Derecho Administrativo* (Yuste, 2015) número 40, INAP, 2016.

REQUERO IBÁÑEZ, José Luis: «Ejecución de sentencias en la Ley de la jurisdicción contencioso-administrativa», en *QDL*, núm. 8, junio de 2005, págs. 33-49.

Regulación de la ejecución de sentencias en el orden contencioso-administrativo

¿Qué se entiende por ejecución de sentencias en el orden contencioso-administrativo? El *Diccionario panhispánico del español jurídico* de la RAE define la ejecución de sentencia contencioso-administrativa como la «fase procesal por la que se procede al cumplimiento, en sus justos términos, de las sentencias dictadas en el orden contencioso-administrativo por los juzgados y tribunales de dicho orden jurisdiccional».

La ejecución de sentencias en el ámbito contencioso-administrativo viene regulada dentro del título IV relativo al procedimiento contencioso-administrativo, en el capítulo IV, artículos 103 a 113 de la Ley 29/1998, de 13 de julio, reguladora de la Jurisdicción Contencioso-administrativa (LJCA).

> **A TENER EN CUENTA.** Los artículos 103.1 y 104.1 de la LJCA han sido modificados por el Real Decreto-ley 6/2023, de 19 de diciembre, por el que se aprueban medidas urgentes para la ejecución del Plan de Recuperación, Transformación y Resiliencia en materia de servicio público de justicia, función pública, régimen local y mecenazgo, cuya entrada en vigor en este punto se produce el 20 de marzo de 2024.

Dada la existencia de regulación específica de esta materia en la LJCA y, a pesar de la supletoriedad general dispuesta en el artículo 4 de la Ley 1/2000, de 7 de enero, de Enjuiciamiento Civil (LEC), cuando dice que «en defecto de disposiciones en las leyes que regulan los procesos penales, contencioso-administrativos, laborales y militares, serán de aplicación, a todos ellos, los preceptos de la presente ley», la jurisprudencia ha venido sosteniendo la no aplicación de la citada norma procesal.

En este sentido, la **sentencia del Tribunal Supremo n.º 1745/2022, de 22 de diciembre, ECLI:ES:TS:2022:4932,** citando la **STS, rec. 2511/2012, de 17 de marzo de 2015, ECLI:ES:TS:2015:1165,** establece:

> «Acorde a la relevancia de la ejecución de las sentencias, nuestra Ley procesal la regula en el Capítulo IV, del Título III, dedicado al procedimiento. Ello supone, que existiendo en nuestra norma procesal una concreta regulación de la ejecución de las sentencias dictadas por los Tribunales de lo Contencioso-Administrativo, no ha de acudirse a los preceptos contenidos en la Ley de Enjuiciamiento Civil, cuya aplicación es supletoria, (...). Como se declara en la sentencia de 12 de mayo de 2009 (recurso de casación 5101/2007) "teniendo como tiene la Ley de la Jurisdicción preceptos dedicados a la ejecución de las sentencias... no es posible acudir a las normas de la Ley de Enjuiciamiento Civil, que al ser de aplicación supletoria solo puede tener vigencia cuando no existan normas ni trámites al respecto"».

En materia de ejecución son, además, de especial relevancia tres preceptos constitucionales:

Artículo 24.1 de la CE

> «Todas las personas tienen derecho a obtener la tutela efectiva de los jueces y tribunales en el ejercicio de sus derechos e intereses legítimos, sin que, en ningún caso, pueda producirse indefensión».

Artículo 117.3 de la CE

«El ejercicio de la potestad jurisdiccional en todo tipo de procesos, juzgando y haciendo ejecutar lo juzgado, corresponde exclusivamente a los juzgados y tribunales determinados por las leyes, según las normas de competencia y procedimiento que las mismas establezcan».

Artículo 118 de la CE

«Es obligado cumplir las sentencias y demás resoluciones firmes de los jueces y tribunales, así como prestar la colaboración requerida por estos en el curso del proceso y en la ejecución de lo resuelto».

Derecho a la ejecución como parte integrante de la tutela judicial efectiva

El **artículo 24.1 de la CE** consagra el derecho a la tutela judicial efectiva de todas las personas, derecho fundamental en el que se integran otros derechos más concretos.

En materia de ejecución, el Tribunal Constitucional y el Tribunal Supremo han sostenido, de forma reiterada, la integración del derecho a la ejecución de las sentencias en el derecho a la tutela judicial efectiva del citado artículo.

Así, la **sentencia del Tribunal Constitucional n.º 240/1998, de 15 de diciembre, ECLI:ES:TC:1998:240**, con cita de otras muchas, establece lo siguiente:

«Por lo que se refiere al derecho a la ejecución de las sentencias en sus propios términos, como integrante del derecho a la tutela judicial efectiva (...). Esta jurisprudencia, en la medida relevante para el caso, cabe resumirla del modo siguiente:

a) El **derecho a la ejecución en los propios términos** de las Sentencias y resoluciones judiciales firmes **forma parte del derecho fundamental a la tutela judicial efectiva** (art. 24.1 C.E.), ‹ya que, en caso contrario, las decisiones judiciales y los derechos que en las mismas se reconozcan o declaren no serían otra cosa que meras declaraciones de intenciones sin alcance práctico ni efectividad alguna› (SSTC 32/1982 y 167/1987, entre otras).

b) ‘Ello significa que ese derecho fundamental (a la ejecución de la Sentencia ‘en sus propios términos’) lo es al **cumplimiento de los mandatos** que la Sentencia contiene, a la **realización de los derechos** reconocidos en la misma, o, de otra forma, a la imposición forzosa a la parte recurrida del **cumplimiento de las obligaciones** a que fue condenada› (STC 205/1987). Y, asimismo, que ‹...este Tribunal ha venido considerando también como cumplimiento «en sus propios términos» el cumplimiento por equivalente cuando así venga establecido por la Ley «por razones atendibles»› (ibidem).

c) ‘En principio, corresponde al **órgano judicial competente**, en su caso, a petición de los interesados cuando proceda según las leyes, deducir las exigencias que impone la ejecución de la Sentencia en sus propios términos, interpretando en caso de duda cuáles sean éstos, y actuar en consecuencia, sin que sea función de la jurisdicción constitucional sustituir a la autoridad judicial en este cometido’ (SSTC 125/1987, 148/1989 y

194/1993, entre otras), sino sólo 'velar para que tales decisiones se adopten en el seno del procedimiento de ejecución de un modo razonablemente coherente con el contenido de la resolución que haya de ejecutarse y una vez que las partes hayan tenido oportunidad suficiente para formular alegaciones y aportar pruebas sobre la incidencia que para la efectividad del fallo pudiera tener la actuación administrativa subsiguiente' (STC 167/1987, 148/1989, 153/1992 y 247/1993, entre otras). En otras palabras, 'únicamente puede el Tribunal Constitucional pronunciarse sobre si lo ejecutado satisface, en forma congruente y razonable, lo decidido en el fallo de cuya ejecución se trate' (STC 125/1987), pues 'el recurso de amparo no constituye una instancia más, tampoco en la fase judicial de ejecución' (STC 148/1989) .

Así, pues, el derecho a la tutela judicial efectiva (art. 24.1 C.E.) incluye, sin lugar a dudas, el derecho a la ejecución de las Sentencias en sus propios términos, pero el alcance. de las posibilidades de control, por parte de este Tribunal, del cumplimiento de la potestad jurisdiccional de hacer ejecutar lo juzgado (art. 117.3 C.E.) no es ilimitado. En cuanto componente que es del derecho a la tutela judicial efectiva, el derecho a la ejecución de las Sentencias y demás decisiones judiciales firmes también queda satisfecho, en principio, con una resolución judicial razonada y fundada en Derecho que entre en el fondo de la pretensión ejecutiva, y que no sea arbitraria o irrazonable (SSTC 205/1987 y 219/1994, entre otras), y que se canalice a través del incidente adecuado (STC 167/1987). De manera que la interpretación del sentido de los fallos, en orden a su ejecución, corresponde a los propios órganos judiciales, y que este Tribunal tan sólo ha de velar por que no se produzcan apartamientos del sentido de aquéllos claramente incongruentes, arbitrarios o irrazonables (SSTC 125/1987, 167/1987, 148/1989, 153/1992, 194/1993 y 247/1993)».

También cabe tener en cuenta la **sentencia del Tribunal Supremo, rec. 3227/2014, de 21 de diciembre de 2015, ECLI:ES:TS:2015:5468,** con el tenor literal siguiente:

«Y así se hace preciso recordar que el derecho a la ejecución de sentencias y demás resoluciones judiciales firmes constituye una manifestación del derecho a la tutela judicial efectiva, ya que, en caso contrario, las decisiones judiciales y los derechos que en las mismas se reconozcan o declaren serían meras declaraciones de intenciones y, por tanto, no estaría garantizada la efectividad de la tutela judicial (STC 37/2007 de 12 de febrero, FJ 4, con cita de otras muchas anteriores).

En la misma línea sostiene el máximo interprete constitucional (STC 86/2005, de 18 de abril, FJ 2.º, con apoyo en la precedente STC 1/1997, de 13 de enero, FJ 3.º) que el citado derecho fundamental tiene como presupuesto lógico y aun constitucional la **intangibilidad de las resoluciones judiciales firmes y de las situaciones jurídicas por ellas declaradas.**

No conviene olvidar que, el derecho a que la ejecución de lo juzgado se lleve a cabo "en sus propios términos", es decir, con sujeción al principio de inmodificabilidad de lo juzgado, se traduce en un derecho subjetivo del justiciable, que "actúa como límite y fundamento que impide que los jueces y tribunales puedan revisar las sentencias y demás resoluciones al margen de los supuestos taxativamente previstos en la ley" (SSTC 119/1988, de 20 de junio, FJ 3; 106/1999, de 14 de junio, FJ 3). Por lo tanto, en estos casos, el derecho a la intangibilidad de las resoluciones judiciales firmes, al constituir un presupuesto lógico del derecho a la ejecución de las resoluciones judiciales firmes, se integra en el citado derecho fundamental (SSTC 49/2004, de 30 de marzo, FJ 2; 116/2003, de 16 de junio, FJ 3; 139/2006, de 8 de mayo, FJ 2)».

‖ La potestad jurisdiccional en la ejecución

El **artículo 117.3 de la CE**, en cuanto al ejercicio de la potestad jurisdiccional comprensiva de las funciones de juzgar y **hacer ejecutar lo juzgado**, señala que «(...) corresponde exclusivamente a los juzgados y tribunales determinados por las leyes, según las normas de competencia y procedimiento que las mismas establezcan».

El total respeto hacia la Constitución hace coincidir, casi en su totalidad, lo dispuesto en la Ley reguladora de la Jurisdicción Contencioso-administrativa con lo preceptuado en la norma suprema del ordenamiento jurídico español.

De ello, es claro reflejo, con carácter general, el artículo 7.1 de la LJCA: «Los órganos del orden jurisdiccional contencioso-administrativo que fueren competentes para conocer de un asunto lo serán también para todas sus incidencias y para hacer ejecutar las sentencias que dictaren en los términos señalados en el artículo 103.1».

Y, más concretamente, dentro de la regulación de la ejecución de las sentencias, el **artículo 103.1 de la LJCA** que establece «La potestad de hacer ejecutar las sentencias y demás títulos ejecutivos adoptados en el proceso corresponde exclusivamente a los juzgados y tribunales de este orden jurisdiccional, y su ejercicio compete al que haya conocido del asunto en primera o única instancia».

> **A TENER EN CUENTA.** El artículo 103.1 de la LJCA ha sido modificado por el Real Decreto-ley 6/2023, de 19 de diciembre, con entrada en vigor a partir del 20 de marzo de 2024. Con esta modificación se incorpora, sustituyendo la referencia a las resoluciones judiciales, la alusión, en materia de ejecución, a los demás títulos ejecutivos adoptados en el proceso.

Los juzgados y tribunales, en el ejercicio de la potestad de ejecución, están sujetos al deber de adoptar todas aquellas medidas que estimen necesarias para el cumplimiento efectivo de la sentencia, salvando cualesquiera obstáculos que pudiesen surgir para impedirlo. En este sentido, la **sentencia del Tribunal Supremo n.º 1336/2017, de 19 de julio de 2018, ECLI:ES:TS:2018:2812**, establece que:

> «(...) el derecho a la tutela judicial efectiva (artículo 24.1 CE) incorpora naturalmente el derecho de las partes a la ejecución en su favor de lo ejecutoriamente resuelto por los tribunales, lo que debe hacerse en la forma prevenida por la ley procesal (artículos 103 y siguientes de nuestra ley jurisdiccional), derecho que lleva consigo, para su adecuada y puntual realización, el estricto deber de los jueces y tribunales de adoptar las medidas

necesarias, incluso compulsivas, para llevar a puro y debido efecto lo ordenado en la sentencia firme, removiendo las eventuales resistencias que para
su cumplimiento pudieran provenir de la Administración o de terceros».

Deber de cumplimiento de las sentencias y colaboración en lo ejecutado

Con carácter general, el **artículo 118 de la CE** hace mención a los deberes
de cumplimiento de las sentencias y de colaboración en la ejecución de lo
resuelto. Por su parte, la LJCA en materia de ejecución contencioso-administrativa hace referencia expresa a dichos deberes constitucionales, estableciendo, en el apartado segundo del **artículo 103 de la LJCA**, la obligación
de las partes de cumplir las sentencias en la forma y términos consignados
en ellas, y, en el apartado tercero, el deber de colaboración en los términos
siguientes:

> «Todas las personas y entidades públicas y privadas están obligadas a
> prestar la colaboración requerida por los jueces y tribunales de lo conten-
> cioso-administrativo para la debida y completa ejecución de lo resuelto».

Sobre el deber de cumplir las sentencias en sus propios términos, como
parte del derecho a la tutela judicial efectiva, existe una consolidada doctrina
del **Tribunal Constitucional** y del **Tribunal Supremo**.

JURISPRUDENCIA

Sentencia del Tribunal Constitucional n.º 205/1987, de 21 de diciembre, ECLI:ES:TC:1987:205

«Es doctrina consolidada de este Tribunal que la ejecución de las sentencias "en
sus propios términos" forma parte del derecho fundamental a la tutela judicial efectiva. Ello significa que ese derecho fundamental lo es al cumplimiento de los mandatos que la sentencia contiene, a la realización de los derechos reconocidos en la
misma, o, de otra forma, a la imposición forzosa a la parte vencida del cumplimiento
de las obligaciones a que fue condenada. El derecho fundamental se satisface, también en esta vertiente ejecutiva, con una resolución de fondo razonada y fundada
en Derecho sobre la pretensión ejecutiva formulada por la parte, cualquiera que sea
su signo. No exige, pues, en todo caso o con independencia de las circunstancias
concurrentes el éxito de la pretensión ejecutiva, aunque la denegación de la ejecución no puede ser "arbitraria ni irrazonable ni fundarse en una causa inexistente, ni
en una interpretación restrictiva del derecho fundamental" (STC 33/1987, de 12 de
marzo)».

Sentencia del Tribunal Constitucional n.º 22/2009, de 26 de enero, ECLI:ES:TC:2009:22

«Este Tribunal ha reiterado que el derecho a la ejecución de sentencias y demás
resoluciones judiciales firmes constituye una manifestación del derecho a la tutela
judicial efectiva, en tanto que garantía del cumplimiento de los mandatos que estas
resoluciones judiciales contienen, lo que determina que este derecho tenga como
presupuesto lógico y aun constitucional la intangibilidad de las resoluciones judiciales firmes y de las situaciones jurídicas por ellas declaradas. El derecho a que la ejecución de lo juzgado se lleve a cabo en sus propios términos, es decir, con sujeción
al principio de inmodificabilidad de lo juzgado, se traduce, así, en un derecho que

actúa como límite y fundamento que impide que los jueces y tribunales puedan revisar las sentencias y demás resoluciones al margen de los supuestos taxativamente previstos en la ley (por todas, STC 86/2006, de 27 de marzo, FJ 2).

(…)

También se ha señalado que, cuando para hacer ejecutar lo juzgado, el órgano judicial adopta una resolución que ha de ser cumplida por un ente público, éste ha de llevarla a cabo con la necesaria diligencia, sin obstaculizar el cumplimiento de lo acordado, por imponerlo así el artículo 118 de la Constitución, y que cuando tal obstaculización se produzca, el juez ha de adoptar las medidas necesarias para su ejecución sin que se produzcan dilaciones indebidas, pues el retraso injustificado en la adopción de las medidas indicadas afecta en el tiempo a la efectividad del derecho fundamental (STC 149/1989, de 22 de septiembre, FJ 3)».

Sentencia del Tribunal Supremo n.º 1900/2017, de 4 de diciembre, ECLI:ES:TS:2017:4222

«(...) La Exposición de Motivos de la LRJCA señala que el nuevo texto legal "ha realizado un importante esfuerzo para incrementar las **garantías de ejecución de las sentencias,** desde siempre una de las zonas grises de nuestro sistema contencioso administrativo". Y en tal sentido añade que "el punto de partida reside en la imperiosa obligación de **cumplir las resoluciones judiciales y colaborar en la ejecución de lo resuelto,** que la Constitución prescribe", lo cual, a su vez, entronca "directamente con el derecho a la tutela judicial efectiva, ya que, como viene señalando la jurisprudencia, ese derecho no se satisface mediante una justicia meramente teórica, sino que conlleva el derecho a la ejecución puntual de lo fallado en sus propios términos", por cuanto "la negativa, expresa o implícita, a cumplir una resolución judicial constituye un atentado a la Constitución frente al que no caben excusas". Fue la propia Constitución de 1978 la que dispuso, en el artículo 118, que "es obligado cumplir las sentencias y demás resoluciones firmes de los jueces y tribunales"; mandato que es desarrollado en términos subjetivos de gran amplitud en el artículo 17.2 de la citada LOPJ al señalar que "las Administraciones públicas, las autoridades y funcionarios, las corporaciones y todas las entidades públicas y privadas, y los particulares, respetarán y, en su caso, cumplirán las sentencias y las demás resoluciones judiciales que hayan ganado firmeza o sean ejecutables de acuerdo con las leyes"».

Auto del Tribunal Supremo, rec. 1947/2014, de 30 de marzo de 2021, ECLI:ES:TS:2021:3898A

«La vigente LRJCA, dado su carácter procesal, centra, sin embargo, tal obligación de cumplimiento de las sentencias en las partes procesales; esto es, en quienes han tenido tal consideración procesal dentro del recurso o proceso que ha dado lugar a la sentencia cuya ejecución se pretende, señalando, en tal sentido, en su artículo 103.2, que "las partes están obligadas a cumplir las sentencias en la forma y términos que en estas se consignen". Pero la obligación es más amplia. El mandato constitucional contenido en el artículo 118 de la Constitución de 1978 de "prestar la colaboración requerida —por los jueces y tribunales— en el curso del proceso y en ejecución de lo resuelto" —que luego reiterara el artículo 17.1 de la Ley Orgánica del Poder Judicial—, aparece igualmente recogido en el nuevo artículo 103.3 de la LRJCA, al señalarse que "todas las personas y entidades públicas y privadas están obligadas a prestar la colaboración requerida por los jueces y tribunales Contencioso-administrativos para la debida y completa ejecución de lo resuelto". La Exposición de Motivos de la misma, de forma explícita, se refiere a tal deber o principio, recordando "la imperiosa obligación de cumplir las resoluciones judiciales y colaborar en la ejecución de lo resuelto, que la Constitución prescribe, y (...) entronca directamente con el derecho a la tutela judicial efectiva (...)"».

|| Incidente de nulidad en la LJCA

Concluye el **artículo 103, en sus apartados 4 y 5, de la LJCA**:

> «4. Serán nulos de pleno derecho los actos y disposiciones contrarios a los pronunciamientos de las sentencias, que se dicten con la finalidad de eludir su cumplimiento.
>
> 5. El órgano jurisdiccional a quien corresponda la ejecución de la sentencia declarará, a instancia de parte, la nulidad de los actos y disposiciones a que se refiere el apartado anterior, por los trámites previstos en los apartados 2 y 3 del artículo 109, salvo que careciese de competencia para ello conforme a lo dispuesto en esta ley».

Se hace referencia aquí a un mecanismo de garantía del deber constitucional de cumplimiento de las sentencias, consistente en declarar la nulidad de los actos y disposiciones que traten de eludir dicho cumplimiento.

Como se infiere del propio precepto, **la nulidad prevista hace necesaria la concurrencia de dos requisitos, uno objetivo y otro teleológico**, a los cuales se refiere la **sentencia del Tribunal Supremo, rec. 171/2008, de 16 de diciembre de 2011, ECLI:ES:TS:2011:8476**, en los términos siguientes:

> «Con carácter general, el artículo 103.4 de la LJCA contiene una norma tendente a evitar que lo juzgado pueda ser burlado mediante nuevos actos o disposiciones administrativas que tengan el propósito de eludir el cumplimiento de una sentencia firme. Se regula, en el indicado precepto, un caso específico de desviación de poder propio de las ejecuciones de sentencia, en el que el fin que se persigue no es el que ha de presidir la potestad que se ejercitó para dictar el acto o aprobar la disposición, sino el de evitar o excusar el cumplimiento de lo juzgado.
>
> (...)
>
> Siguiendo la aplicación del apartado 4 del expresado artículo 103 de la LCJA, debemos añadir que se precisa de la concurrencia de dos requisitos, según venimos declarando desde nuestra sentencia de 18 de diciembre de 2008 (recurso de casación n.° 1214/2007). De un lado, ha de concurrir una exigencia de índole objetiva: ha de dictarse un acto contrario a un pronunciamiento judicial contenido en la sentencia. Y, de otro, debe mediar otra exigencia de tipo teleológico: que la finalidad sea precisamente eludir o rehuir el cumplimiento de la sentencia (...)».

En el mismo sentido, puede verse la **sentencia del Tribunal Supremo n.° 1513/2018, de 18 de octubre, ECLI:ES:TS:2018:3623**:

> «A estos efectos debemos recordar que, en armonía con el designio constitucional, derivado del derecho a la tutela judicial efectiva (art. 24 CE), de procurar la integridad y efectividad del fallo, nuestra ley procesal arbitra un **mecanismo privilegiado para anular radicalmente los actos o disposiciones encaminadas al propósito de eludir el cumplimiento de la sentencia firme**. Como hemos señalado —entre otras varias— en nuestras SSTS de 21 de junio de 2005, 2 de febrero y 28 de diciembre de 2006 "(...) el artículo 103 de la ley de la jurisdicción, en sus apartados 4 y 5, permite

que, en el procedimiento de ejecución, resolviendo un mero incidente en él planteado, se declare la nulidad de actos o disposiciones administrativas distintas, claro es, de las que ya fueron enjuiciadas en la sentencia en ejecución. Pero para ello exige, no sólo que el acto o disposición sea contrario a los pronunciamientos de dicha sentencia, sino, además, que se haya dictado con la finalidad de eludir su cumplimiento. El precepto contempla, pues, un singular supuesto de desviación de poder, en el que el fin perseguido por el acto o disposición no es aquél para el que se otorgó la potestad de dictarlo, sino el de eludir el cumplimiento de la sentencia".

Por tanto, la LRJCA de 1998, tras la regulación de la ejecución voluntaria y la ejecución forzosa, contiene, en tercer lugar, los supuestos que cabe calificar de ejecución fraudulenta. Esto es, aquellos supuestos en los que la Administración aparenta formalmente ejecutar la sentencia dictada, mediante los pronunciamientos, actos o actuaciones para ello necesarios pero, sin embargo, el resultado obtenido no conduce justamente a la finalidad establecida por la propia ley; como consecuencia, lo que ocurre es que con la actuación administrativa, en realidad, no se alcanza a cumplir la sentencia en la forma y términos que en esta se consignan, para conseguir llevarla a puro y debido efecto.

Para evitar, justamente, este tipo de actuaciones, el artículo 103 en sus números 4 y 5, contempla la situación, prevista por el legislador, de los supuestos "(...) de los actos y disposiciones contrarios a los pronunciamientos de las sentencias, que se dicten con la finalidad de eludir su cumplimiento"; para estos casos, esto es, cuando se está en presencia de una actuación jurídica de la Administración —concretada en la emisión de posteriores actos administrativos o en la aprobación de nuevas disposiciones— presididas por la finalidad de eludir el fallo, el legislador establece como **sanción la nulidad de pleno derecho de tales actos y disposiciones**, remitiéndose al procedimiento para declarar la nulidad de pleno derecho mencionada.

Conviene, pues, destacar que el objeto de este incidente —vía excepcional y privilegiada para obtener una declaración de nulidad absoluta de actos y disposiciones— cuenta con un esencial componente subjetivo, pues lo que en él debe demostrarse es, justamente, la finalidad de burlar la sentencia firme con el nuevo y posterior acto o disposición o, dicho de otro modo, la concurrencia de la desviación de poder en la nueva actuación administrativa, en relación con el pronunciamiento de la sentencia.

Al margen de ello, no es impertinente destacar que la posibilidad legal de anular de pleno derecho los actos o disposiciones aquejados de tal finalidad evasiva o fraudulenta (art. 103.4 LJCA) debe complementarse con la previsión normativa del apartado 5 del mismo artículo: "(...) 5. El órgano jurisdiccional a quien corresponda la ejecución de la sentencia declarará, a instancia de parte, la nulidad de los actos y disposiciones a que se refiere el apartado anterior, por los trámites previstos en los apartados 2 y 3 del art. 109, salvo que careciese de competencia para ello conforme a lo dispuesto en esta Ley".

Pero igualmente, en la reciente sentencia de 6 de septiembre de 2016, hemos declarado que "el dictado de una sentencia anulatoria de un plan se refiere al instrumento de ordenación concernido en cada caso. De este modo, no cercena las posibilidades de la Administración de utilizar su potestad de planeamiento ni le priva o desapodera de la titularidad o el ejercicio de la indicada potestad y, por consiguiente, puede volver a ejercitarla", si bien, se aclara que "Tampoco es correcta, desde luego, la afirmación que trata de hacerse valer en algunas ocasiones en sentido diametralmente opuesto, esto es, que, lejos de suponer un incumplimiento, el ejercicio de la potestad de planeamiento viene a avalar el cumplimiento mismo de la sentencia anulatoria de un plan"».

Asimismo, la **sentencia del Tribunal Superior de Justicia de Madrid n.º 371/2023, de 29 de junio, ECLI:ES:TSJM:2023:8087**, sostiene:

«En armonía con el designio constitucional, derivado del derecho a la tutela judicial efectiva, de procurar la integridad y efectividad del fallo, nuestra ley procesal arbitra un mecanismo privilegiado para anular radicalmente los actos o disposiciones encaminadas al propósito de eludir el cumplimiento de la sentencia firme, apoderando el artículo 103.5 de la Ley 29/1998 al órgano jurisdiccional a quien corresponda la ejecución para declarar la nulidad de los actos y disposiciones contrarios a los pronunciamientos de las sentencias que se dicten con la finalidad de eludir su cumplimiento, salvo que careciese de competencia para ello conforme a lo dispuesto en la referida Ley, facultad que se reconoce tras establecer la propia norma en el apartado precedente la nulidad de pleno derecho de los referidos actos o disposiciones.

El citado precepto legal, en suma, contempla y regula un caso específico de la desviación de poder que con carácter general define precisamente el artículo 70.2 de la misma Ley, propio de las ejecuciones de sentencia, en el que el fin que se persigue no es el que ha de presidir la potestad que se ejerció para dictar el acto o aprobar la disposición, sino el de evitar o excusar el cumplimiento de lo juzgado.

Conviene destacar, con la STS 18 octubre 2018 (rec. 1513/2018) que el objeto de este incidente -vía excepcional y privilegiada para obtener una declaración de nulidad absoluta de actos y disposiciones- cuenta no ya solo con un requisito o exigencia de índole objetiva como es la consistente en el dictado de un acto contrario a un pronunciamiento judicial contenido en la sentencia sino también con un esencial componente subjetivo, pues lo que en él debe demostrarse es, justamente, la finalidad de burlar la sentencia firme con el nuevo y posterior acto o disposición o, dicho de otro modo, la concurrencia de la desviación de poder en la nueva actuación administrativa, en relación con el pronunciamiento de la sentencia».

La declaración de nulidad prevista se llevará a cabo a través del **incidente del artículo 109 de la LJCA** al que se remite el propio artículo 103, apartado 5 de la LJCA. Sin perjuicio de su estudio más detallado en otros apartados posteriores, se deben tener en cuenta aquí diferentes aspectos procedimentales.

Así pues, la **competencia** para declarar la nulidad de los actos y disposiciones del artículo 103.4 de la LJCA corresponde al órgano jurisdiccional encargado de la ejecución de la sentencia. No podrá el órgano jurisdiccional actuar de oficio. Bien claro se requiere expresamente en el artículo 103.5 de la LJCA que proceda «**a instancia de parte**». Planteado el incidente, el letrado de la Administración de Justicia dará **traslado a las partes para alegaciones** en plazo que no exceda de veinte días. Finaliza el incidente mediante **auto** dictado por el juez o tribunal en el plazo de diez días.

Para concluir, debemos hacer mención de la **sentencia del Tribunal Supremo, rec. 8263/2003, de 31 de enero de 2006, ECLI:ES:TS:2006:1704**, que amplía a las «personas afectadas» la legitimación prevista en el numeral 5 del artículo 103 de la LJCA para solicitar la nulidad:

> «Desde esta perspectiva procedimental el número 5 del artículo 103 determina que "el órgano jurisdiccional a quien corresponda la ejecución de la sentencia", es el competente para la resolución de estos supuestos incidentales salvo, lógicamente, en los supuestos en los que, por razón del órgano que dictase el acto, "careciere de la competencia para ello conforme a lo dispuesto en esta ley". El propio texto legal establece la **imposibilidad de que el órgano jurisdiccional de oficio proceda a la iniciación del expresado procedimiento por cuanto en el mismo se requiere que la actuación del expresado órgano se produzca** "a instancia de parte", remitiéndose en el mismo precepto a los trámites previstos en los apartado 2 y 3 del artículo 109 del mismo texto legal; trámites consistentes, exclusivamente, en la audiencia o traslado de solicitud formulada a las partes por un plazo común que no exceda de veinte días, para que aleguen lo que estime procedente, y la resolución por parte del juez o tribunal mediante auto en el plazo de diez días. El hecho de que este artículo 103.5 se refiera, exclusivamente, a la "parte" para solicitar la nulidad de los actos dictados, con posterioridad a la sentencia, contrarios a los pronunciamientos de la misma, parece que no impediría que tal solicitud pudiera ser formulada por las "personas afectadas", a las que se refiere tanto el artículo 104.2, para poder instar la ejecución forzosa de la sentencia, como el 109.1, al que el 103 se remite (si bien solo en sus apartados 2 y 3), que regula la legitimación en el procedimiento incidental por el que habría de discurrir la petición de nulidad».

2.
PROCESO DE EJECUCIÓN DE SENTENCIAS EN EL ORDEN CONTENCIOSO-ADMINISTRATIVO

LECTURAS RECOMENDADAS

CHAVES GARCÍA, José Ramón: «Conflicto y colaboración de las administraciones públicas en la ejecución de sentencias contencioso-administrativas», en *Revista española de control externo* (Tribunal de Cuentas), número 59, Vol. XX, mayo 2018, págs. 43-64.

PÉREZ ALONSO, Jorge: «La ineficacia del sistema de ejecución de sentencias en lo contencioso-administrativo: reflexiones a raíz de la legislación, la jurisprudencia. La realidad cotidiana: ejemplos prácticos de modelos de "inejecución" de sentencias», en *Revista General de Derecho Administrativo* (Iustel, 2015) número 40, INAP, 2016.

¿Cómo es el proceso de ejecución de sentencias en el orden contencioso-administrativo?

La **ejecución de sentencias en el orden contencioso-administrativo** se lleva a cabo en la forma prevista en el **artículo 104 de la LJCA**, cuyo tenor es el siguiente:

«1. Luego que sea firme una sentencia, el letrado o letrada de la Administración de Justicia lo comunicará en el plazo de diez días al órgano previamente identificado como responsable de su cumplimiento, a fin de que, recibida la comunicación, la lleve a puro y debido efecto y practique lo que exija el cumplimiento de las declaraciones contenidas en el fallo.

2. Transcurridos dos meses a partir de la comunicación de la sentencia o el plazo fijado en ésta para el cumplimiento del fallo conforme al artículo 71.1.c), cualquiera de las partes y personas afectadas podrá instar su ejecución forzosa.

3. Atendiendo a la naturaleza de lo reclamado y a la efectividad de la sentencia, ésta podrá fijar un plazo inferior para el cumplimiento, cuando lo dispuesto en el apartado anterior lo haga ineficaz o cause grave perjuicio».

A TENER EN CUENTA. El artículo 104.1 de la LJCA ha sido modificado por el Real Decreto-ley 6/2023, de 19 de diciembre, con entrada en vigor el 20 de marzo de 2024. Con esta reforma se pasa a hacer referencia a la comunicación inicial de la firmeza de una sentencia directamente al órgano previamente identificado como responsable del cumplimiento de la misma, por consiguiente, se suprime la obligación de indicar cuál será ese órgano en el plazo de 10 días previsto.

Modalidades para la ejecución de sentencias en el orden contencioso-administrativo

El artículo 104 de la LJCA contempla dos modalidades de ejecución, por un lado, el **cumplimiento voluntario** de la sentencia por parte del órgano previamente identificado como responsable del cumplimiento de la misma en los términos del apartado primero y, por otro lado, para el caso de que no se proceda a la ejecución voluntariamente, la posibilidad que contempla el apartado segundo, de que cualquiera de las partes o personas afectadas inste la **ejecución forzosa**.

Así se ha pronunciado el **Tribunal Supremo en su sentencia n.° 1257/2020, de 5 de octubre, ECLI:ES:TS:2020:3180**, cuando señala:

«(...) el esquema general previsto en nuestro ordenamiento para la ejecución de sentencias en nuestro orden jurisdiccional es el siguiente:

(i) La ley prevé una primera modalidad de ejecución, referida al **cumplimiento voluntario de las sentencias,** en el plazo y en los términos fijados en éstas.

(...)

(ii) Pero, también prevé la ley la posibilidad de que lo ordenado en las sentencias no se cumpla voluntariamente en el plazo establecido o, en su defecto, en el fijado legalmente.

En tal supuesto, transcurrido el plazo establecido en la ley o el plazo fijado en la propia sentencia para el cumplimiento del fallo (que puede ser superior o inferior a aquél, atendiendo a la naturaleza de lo reclamado y a la efectividad de la sentencia), cualquiera de las partes y personas afectadas podrá instar su **ejecución forzosa.**

En consecuencia, atendiendo a lo expuesto podemos colegir sin mayor esfuerzo que cuando la Administración se ve compelida, en virtud de lo dispuesto en el fallo de una sentencia firme, a dictar una nueva resolución en sustitución de la anulada y, además, a hacerlo valorando determinadas alegaciones y documentos, hasta que no se dicte la nueva resolución administrativa ajustada a los términos establecidos en la sentencia no podrá darse por finalizada la ejecución de ésta.

Y, si se diera el caso de que la Administración no cumpliere lo ordenado, esto es, no dictare la nueva resolución en los términos y en el plazo que correspondan, las partes y personas afectadas podrán acudir al juzgado o tribunal para instar la ejecución forzosa de dicha sentencia.

Es decir, frente al incumplimiento de la Administración las partes y personas afectadas pueden reaccionar acudiendo al juzgado o tribunal para que obliguen a aquélla a dar cumplimiento al fallo de la sentencia».

En el mismo sentido, el **auto del Tribunal Supremo, rec. 4923/2016, de 11 de octubre de 2019, ECLI:ES:TS:2019:10608A**, establece lo siguiente:

> «(...) el transcurso del plazo de ejecución voluntaria sin que la Administración demandada haya practicado lo que exija el cumplimiento de las declaraciones contenidas en el fallo, abre la posibilidad a las partes y otros afectados de solicitar la ejecución forzosa.
>
> El presupuesto descrito en el artículo 104.2 de la LJCA concurre en el presente caso, en el que ha transcurrido en exceso el plazo de dos meses desde la comunicación de la sentencia a la Administración demandada, sin que esta haya dado cumplimiento al fallo.
>
> El procedimiento de ejecución forzosa que insta la parte recurrente, y que esta Sala debe estimar por concurrir los presupuestos legales para ello, se traduce en la adopción por esta Sala de las medidas conducentes para llevar a cabo la indicada ejecución».

CUESTIÓN

¿Qué se entiende por personas afectadas a los efectos del artículo 104.2 de la LJCA?

Para dar respuesta a esta cuestión resulta interesante el **auto del Tribunal Supremo, rec. 1918/2023, de 21 de junio, ECLI:ES:TS:2023:8730A**, que, reiterando el criterio jurisprudencial que se ha venido sosteniendo durante años, considera personas afectadas a los efectos de ejecución de sentencia a aquellas que puedan ver menoscabados o perjudicados sus derechos o intereses legítimos por efecto de la ejecución o inejecución de la sentencia.

¿Cuál es el plazo para la ejecución de sentencias en el orden contencioso-administrativo?

En el **artículo 104.2 de la LJCA** se establece un plazo de **dos meses** para la ejecución voluntaria de la sentencia; si bien, esta norma no tiene carácter taxativo toda vez que el propio precepto abre la posibilidad de que se fijen otros plazos para el cumplimiento del fallo. En este sentido se ha pronunciado la jurisprudencia, así la **sentencia del Tribunal Supremo n.º 441/2021, de 25 de marzo, ECLI:ES:TS:2021:1145**, dispone:

> «El plazo para ejecutar una sentencia judicial no está previsto en la ley de nuestra jurisdicción de un modo taxativo. Obvio resulta recordar que la ley procesal no se ocupa, de un modo particular, de regular singularmente las sentencias en materia tributaria, sino que el régimen de los artículos 103 y ss. de la LJCA afecta a todas las sentencias firmes susceptibles de ejecución, dictada en procesos de esta jurisdicción.
>
> (...)
>
> Que la ley procesal especializada —LJCA— no prevea un plazo único y universal para ejecutar la sentencia firme —precisamente por la variedad de casos y situaciones que pueden presentarse y, además, porque el plazo lo podría establecer, de ser ello preciso, la propia sentencia o el tribunal sentenciador en el ámbito de la propia ejecución, en función de la urgencia del caso o del riesgo de pérdida eventual del derecho ganado en la sentencia— no significa que quede en manos de la Administración elegir a placer el ritmo de la ejecución o el plazo para llevarla a cabo».

Apartándose del plazo de dos meses previsto, el apartado segundo del artículo 104 de la LJCA permite, conforme al artículo 71.1.c) del mismo texto legal, que la propia sentencia establezca el plazo para su cumplimiento. En la misma dirección apunta la posibilidad del apartado tercero del mencionado artículo 104, en el que atendiendo a la naturaleza de lo reclamado y a la efectividad de la sentencia, se contempla la opción de que se fije un plazo inferior para el cumplimiento, cuando lo dispuesto en el apartado segundo lo haga ineficaz o cause grave perjuicio.

CUESTIÓN

¿Qué sucede en el caso de que la Administración sea condenada al pago de una cantidad líquida?

En este caso, a pesar de lo previsto en el artículo 104.2 de la LJCA, el artículo 106.3 de la LJCA eleva el plazo para instar la ejecución forzosa de dos a tres meses al señalar que «(...) transcurridos tres meses desde que la sentencia firme sea comunicada al órgano que deba cumplirla, se podrá instar la ejecución forzosa (...)».

En lo que se refiere al **cómputo del plazo**, el artículo 104 de la LJCA establece como punto de partida para que comience la ejecución el hecho de que la sentencia sea firme, si bien el *dies a quo* del plazo no será el momento en que adquiere firmeza sino, como se infiere del apartado primero del citado precepto, el de la comunicación de dicha firmeza por el letrado de la Administración de Justicia «al órgano previamente identificado como responsable de su cumplimiento» para lo cual se concede un plazo de diez días. Lo anterior permite dilatar el plazo fijado para la ejecución voluntaria de la sentencia por parte de la Administración, en contraste con lo establecido en la LEC que computa el plazo de ejecución desde la firmeza de la sentencia.

¿Pueden ejecutarse las sentencias desestimatorias en el orden contencioso-administrativo?

La jurisprudencia ha sostenido la ejecutabilidad de las sentencias desestimatorias aun cuando se contemplen límites a su práctica, si bien ha de tenerse presente la realidad que rodea a la ejecución y las consecuencias que se puedan derivar de la misma.

En este sentido, la **sentencia del Tribunal Supremo n.º 705/2022, de 8 de junio, ECLI:ES:TS:2022:2264**, con cita a la **STS, rec. 3338/2010, de 24 de mayo de 2011, ECLI:ES:TS:2011:3152**, y a la **STS, rec. 5719/2006, de 20 de octubre de 2008, ECLI:ES:TS:2008:5595**, señala:

«En efecto, en la sentencia de 24 de mayo de 2011, dictada en el recurso de casación 3338/2010 (ECLI:ES:TS:2011:3152), se reitera lo declarado en la de 20 de octubre de 2008, dictada en el recurso de casación 5719/2006 (ECLI:ES:TS:2008:5595) que examina el debate en los siguientes términos:
" Es cierto que la sentencia que desestima el recurso contencioso-administrativo contra un determinado acto de la Administración tiene un contenido declarativo, pues declara la validez del acto impugnado sin modificar su contenido, de donde se deriva que, al menos en principio, el cumplimiento de la sentencia se agota con esa sola declaración. Sin embargo, tales consideraciones no permiten afirmar de forma categórica -como pretende el re-

currente- que las sentencias desestimatorias no son ejecutables. En primer lugar, porque en la legislación vigente el proceso contencioso-administrativo no siempre se presenta en su modalidad tradicional de impugnación dirigida contra un acto expreso o presunto de la Administración, sino que caben supuestos de significación bien distinta como son el recurso frente a la inactividad de la Administración o frente a actuaciones materiales que constituyan vía de hecho (artículo 25 de la Ley reguladora de esta Jurisdicción) en los cuales el pronunciamiento desestimatorio no significa propiamente el reconocimiento de la validez de un acto administrativo. En segundo lugar, porque, incluso en el supuesto común del recurso contencioso-administrativo dirigido contra un acto expreso o presunto de la Administración, el alcance eminentemente declarativo del pronunciamiento desestimatorio del recurso no impide que puedan suscitarse incidentes de ejecución. Piénsese, por ejemplo, que la Administración vencedora en el litigio inicia luego los trámites para la revocación de ese mismo acto, o para su revisión de oficio, o, sencillamente, desiste de ejecutar la decisión cuya validez ha sido respaldada en vía jurisdiccional; y es entonces un tercero, que había comparecido en el proceso como codemandado, quien insta ante el Tribunal el efectivo cumplimiento de lo decidido en la sentencia por estar legítimamente interesado en la ejecución"».

Y añade:

«(...) las sentencias que desestiman el recurso contencioso-administrativo sí pueden tener efectos en supuestos especiales (imposibilidad de revisión de oficio en vía administrativa, o en supuestos de que la actividad impugnada fuese una inactividad administrativa o una situación de hecho), no obstante lo cual, es lo cierto que cuando, como aquí acontece, el objeto de impugnación sea un concreto acto administrativo y no se cuestione la legalidad del acto (por ejemplo, mediante la revisión de oficio), la desestimación del recurso nada añade a su ejecutividad que le es propia, ya reconocida en vía administrativa, sin que, de conformidad con lo establecido en el antes mencionado artículo 104, haya « declaración» alguna en vía jurisdiccional que debiera ser objeto de ejecución (...)».

Excepción al cumplimiento de las sentencias en el orden contencioso-administrativo

LECTURAS RECOMENDADAS

CHAVES GARCÍA, José Ramón: «Conflicto y colaboración de las administraciones públicas en la ejecución de sentencias contencioso-administrativas», en *Revista española de control externo* (Tribunal de Cuentas), número 59, Vol. XX, mayo 2018, págs. 43-64.

PÉREZ ALONSO, Jorge: «La ineficacia del sistema de ejecución de sentencias en lo contencioso-administrativo: reflexiones a raíz de la legislación, la jurisprudencia. La realidad cotidiana: ejemplos prácticos de modelos de "inejecución" de sentencias», en *Revista General de Derecho Administrativo* (Iustel, 2015) número 40, INAP, 2016.

El **artículo 18 de la Ley Orgánica 6/185, de 1 de julio, del Poder Judicial (LOPJ), en su apartado 2,** dispone:

> «Las sentencias se ejecutarán en sus propios términos. Si la ejecución resultare imposible, el Juez o Tribunal adoptará las medidas necesarias que aseguren la mayor efectividad de la ejecutoria, y fijará en todo caso la indemnización que sea procedente en la parte en que aquélla no pueda ser objeto de cumplimiento pleno. Solo por causa de utilidad pública o interés social, declarada por el Gobierno, podrán expropiarse los derechos reconocidos frente a la Administración Pública en una sentencia firme, antes de su ejecución. En este caso, el Juez o Tribunal a quien corresponda la ejecución será el único competente para señalar por vía incidental la correspondiente indemnización».

En cuanto a la ejecución de las sentencias «en sus propios términos», la **sentencia del Tribunal Supremo n.º 54/2021, de 21 de enero, ECLI:ES:TS:2021:217,** contempla la **doctrina del Tribunal Constitucional** al respecto que se puede sintetizar en los siguientes puntos:

- El derecho a la ejecución de las sentencias en sus propios términos forma parte del derecho fundamental a la tutela judicial efectiva.
- El obligado cumplimiento de lo acordado por los jueces y tribunales en el ejercicio de la potestad jurisdiccional se configura como un derecho de carácter subjetivo incorporado en el contenido del artículo 24.1 de la CE.
- Los tribunales no pueden apartarse sin causa justificada de lo previsto en el fallo de la sentencia que debe ejecutarse.
- Con ocasión de los incidentes de ejecución no pueden resolverse cuestiones que no hayan sido abordadas ni decididas en el fallo o con las que este no guarde inmediata o directa relación de causalidad.

Así pues, recuerda el Alto Tribunal en la citada resolución que:

> «(...) El derecho a que la Sentencia se ejecute en su propios términos tiene un carácter objetivo en cuanto se refiere precisamente al cumplimiento del fallo sin alteración y no permite por tanto suprimir, modificar o agregar a su contenido excepciones o cargas que no puedan reputarse comprendidas en él. En consecuencia, la ejecución ha de consistir precisamente en lo establecido y previsto en el fallo y constituye junto al derecho del favorecido a exigir su cumplimiento total e inalterado el del condenado a que no se desvirtúe, se amplíe o se sustituya por otro. Cualquier alteración debe obedecer a causa prevista en la Ley, como lo es la imposibilidad legal o material de ejecución».

En la misma línea resultan interesantes las **sentencias n.º 1488/2023, de 20 de noviembre, ECLI:ES:TS:2023:5144, y la n.º 738/2023, de 6 de junio, ECLI:ES:TS:2023:2759,** que en términos similares **sintetizan la doctrina jurisprudencial del Tribunal Supremo** sobre la materia.

En el orden contencioso-administrativo el **artículo 105 de la LJCA,** en su **apartado primero,** establece como regla general que «no podrá suspenderse el cumplimiento ni declararse la inejecución total o parcial del fallo».

Si bien, el apartado segundo del mismo precepto contempla la excepción en la misma línea que el artículo 18.2 de la LOPJ, al establecer que:

«Si concurriesen causas de imposibilidad material o legal de ejecutar una sentencia, el órgano obligado a su cumplimiento lo manifestará a la autoridad judicial a través del representante procesal de la Administración, dentro del plazo previsto en el apartado segundo del artículo anterior, a fin de que, con audiencia de las partes y de quienes considere interesados, el Juez o Tribunal aprecie la concurrencia o no de dichas causas y adopte las medidas necesarias que aseguren la mayor efectividad de la ejecutoria, fijando en su caso la indemnización que proceda por la parte en que no pueda ser objeto de cumplimiento pleno».

Naturaleza de la excepción al cumplimiento de las sentencias en el orden contencioso-administrativo

La excepción a la regla general de cumplimiento de las sentencias prevista en el artículo 105.2 de la LJCA **tiene carácter extraordinario**. Así se refleja en la **sentencia del Tribunal Supremo n.º 162/2022, de 9 de febrero, ECLI:ES:TS:2022:481,** cuando dice:

«La doctrina jurisprudencial del TS no es ajena a la valoración de los intereses en conflicto en relación a la relevancia fundamental de la ejecución de sentencias en sus propios términos y el carácter extraordinario de la declaración de imposibilidad material o legal de ejecución de sentencias, promoviendo la adecuada ponderación de todos los intereses en conflicto, la debida atención de los intereses generales, de terceros de buena fe y también de los actores que obtuvieron una sentencia a su favor».

Y añade el Alto Tribunal que:

«La imposibilidad legal o material de ejecución constituye, pues, una excepción al derecho a la ejecución en sus propios términos, y en cuanto concurran las circunstancias legales o materiales, valoradas por el órgano jurisdiccional competente, determina, en primer lugar, la adopción por el mismo de las medidas necesarias que aseguren la mayor efectividad de la ejecutoria, es decir, que aunque sea parcialmente o de forma equivalente vengan a dar satisfacción al derecho reconocido y, en segundo lugar, la determinación en su caso de la indemnización que proceda en la parte en que no pueda ser objeto de cumplimiento pleno (art. 105.2LJCA)».

En el mismo sentido, la **sentencia del Tribunal Supremo n.º 1191/2018, de 11 de julio, ECLI:ES:TS:2018:2970,** señala:

«Acerca de tal posibilidad, la jurisprudencia, con carácter general, ha precisado que sólo el concurso de circunstancias sobrevenidas que alteren los términos en los que la disputa procesal fue planteada y resuelta por el tribunal sentenciador puede hacer imposible o dificultar la ejecución de la sentencia (STC 41/1993, de 8 de enero); que, por el contrario, la inejecución de la resolución en sus propios términos por conveniencia del ejecutante no supone imposibilidad material ni legal de incumplimiento (STC 219/1994, de 18 de julio) y que la existencia de dificultades prácticas no puede excusar la ejecución de las sentencias (STC 155/1985, de 12 de noviembre)».

La **sentencia** de nuestro Alto Tribunal, **rec. 3301/2014, de 29 de mayo de 2015, ECLI:ES:TS:2015:2427,** acoge una **interpretación restrictiva** del término imposibilidad:

> «La inejecución regulada en el artículo 105 de la LJCA es una situación extraordinaria y excepcional frente al principio general de la ejecución en sus propios términos, carácter excepcional que justifica su aplicación restrictiva en todo caso. Por ello, al abordar el contenido del término imposibilidad, hemos afirmado en auto de 16 julio 1991, que "debe entenderse en el sentido más restrictivo y estricto, y en términos de imposibilidad absoluta; esto es, absoluta imposibilidad física o clara imposibilidad jurídica de cumplir el fallo"».

La misma dirección sigue la **sentencia n.º 1358/2017, de 26 de julio, ECLI:ES:TS:2017:3241:**

> «En tal sentido, por todas, podemos reiterar lo manifestado en la STS 15 de julio de 2003 , según la cual «el artículo 118 de la Constitución establece la obligación de cumplir las sentencias firmes de los Tribunales y el artículo 103. 2 de la Ley Jurisdiccional determina que las partes están obligadas a cumplir las sentencias en la forma y términos que éstas consignen, cumplimiento que no podrá suspenderse ni declararse la inejecución total o parcial del fallo --- articulo 105.1 LRJCA ---.
> La rotunda claridad de estos preceptos pone de relieve que es principio capital y esencial de todo el sistema judicial, la ejecutabilidad de las sentencias, en los términos en que se hacen constar en las mismas, por lo que las excepciones a esa integra ejecutabilidad ---imposibilidad material o legal--- contenidos en el artículo 105.2 de la misma LRJCA , han de ser siempre interpretadas y aplicadas con los máximos criterios restrictivos en el reconocimiento de esa imposibilidad"».

Por su parte, la **sentencia n.º 738/2023, de 6 de junio, ECLI:ES:TS:2023:2759,** en relación con la interpretación restrictiva de la excepción que:

> «Y sobre la imposibilidad de ejecución, cabe traer a colación nuevamente la doctrina del Tribunal Constitucional que ha declarado que el derecho a la ejecución de la sentencia en sus propios términos no impide que en determinados supuestos ésta devenga legal o materialmente imposible, lo cual habrá de apreciarse por el órgano judicial en resolución motivada, pues el cumplimiento o ejecución de las Sentencias depende de las características de cada proceso y del contenido del fallo (STC 73/2000, de 12 de marzo).
> De lo anterior se desprende un criterio restrictivo a la hora de interpretar las excepciones a la regla de la ejecutabilidad del pronunciamiento judicial, de modo que la imposibilidad material o legal ex artículo 105.2 LJCA, deben ser entendidas y aplicadas con rigor y con los máximos criterios restrictivos en el reconocimiento de esa imposibilidad.

En fin, la imposibilidad de ejecución es una excepción que corresponde apreciar de forma razonada y motivada al órgano jurisdiccional en atención a las circunstancias concurrentes y acreditadas en cada caso. El Tribunal sentenciador debe examinar de forma concreta la concurrencia de la causa de imposibilidad legal o material con criterios eminentemente restrictivos, como hemos dicho, y justificar de forma suficiente los presupuestos que autorizan la inejecución de las sentencias firmes».

¿Qué se entiende por imposibilidad material o legal de ejecutar una sentencia?

En consonancia con la concepción restrictiva del término imposibilidad, se puede entender la imposibilidad material conforme a la **STS n.º 162/2022, de 9 de febrero, ECLI:ES:TS:2022:481**, como:

> «(...) aquel **impedimento de carácter físico que no permite ejecutar la sentencia porque el objeto de la misma ha desaparecido o porque se ha destruido**. Ha de tratarse de imposibilidad y no de mera dificultad o excesivo coste de las actuaciones requeridas por el fallo; señalando la jurisprudencia que "la complejidad no puede ser equiparada a la imposibilidad", STS 30.04.2010 rec. 1268/2009. Que la imposibilidad material como una excepción a la ejecución de las sentencias, debe interpretarse restrictivamente, como ha declarado reiteradamente la jurisprudencia en las sentencias que cita y también el Tribunal Constitucional».

En este sentido, no cabe confundir la imposibilidad legal o material con la dificultad técnica o complejidad del proceso de ejecución, así lo sintetiza la **sentencia del Tribunal Supremo n.º 738/2023, de 6 de junio, ECLI:ES:TS:2023:2759**, con cita de la **STS, rec. 4758/2007, de 23 de febrero de 2010, ECLI:ES:TS:2010:1560**:

> «También hemos señalado que no cabe confundir la imposibilidad legal o material con la dificultad técnica o complejidad del proceso de ejecución, en la sentencia de 23 de febrero de 2010, RC 4758/2007, en la que dijimos que «la imposibilidad material de ejecutar la sentencia, no puede deducirse de la complejidad alegada de la ejecución, pues no puede confundirse imposibilidad material con la mera dificultad técnico-jurídica de reponer -jurídicamente- la situación surgida como consecuencia de la incorrecta licitación, a la situación debida»».

La LJCA no define los supuestos de imposibilidad material de ejecución de una sentencia. En este sentido señala la mencionada **STS n.º 162/2022, de 9 de febrero, ECLI:ES:TS:2022:481**, que:

> «Por lo que se refiere a la apreciación de la imposibilidad material, se parte de la falta de una definición al respecto del art. 105 LJCA; en consecuencia, de la delimitación por la jurisprudencia; del carácter restrictivo de su aplicación como excepción al derecho de ejecución en los términos del fallo; y en razón de todo ello, el carácter casuístico en cuanto ha de estarse a los concretos pronunciamientos judiciales y los intereses que en cada caso resultan afectados por la ejecución».

En relación con lo anterior, recuerda la **sentencia del Tribunal Supremo n.º 738/2023, de 6 de junio, ECLI:ES:TS:2023:2759**, citando a la **STS n.º 1405/2016, de 14 de junio, ECLI:ES:TS:2016:2829**, que «ha sido la jurisprudencia la que ha ido delimitando aquella con una concepción restrictiva de los supuestos de imposibilidad (SSTS 17 de noviembre de 2008, recurso casación 4285/2005, 14 de febrero de 2013, recurso casación 4311/2011). Estamos, por tanto, frente a supuestos individualizados casuísticamente en atención a las circunstancias concurrentes en cada supuesto en que deben ponderarse los distintos intereses concernidos».

En esta línea, el **Tribunal Constitucional, en su sentencia n.º 22/2009, de 26 de enero, ECLI:ES:TC:2009:22**, ha negado que la mera expectativa de un futuro cambio normativo, justifique la inejecución o la suspensión de la ejecución de una sentencia (relativa, en el caso examinado, a la demolición de una obra):

> «(...) En efecto, tomado en consideración que el principio general es la ejecución de las resoluciones judiciales firmes y que solo, de forma excepcional, cuando, en los términos previstos legalmente, concurran circunstancias de imposibilidad legal o material, debidamente justificadas, cabe inejecutar o suspender su cumplimiento, no puede admitirse que suponga un supuesto de imposibilidad legal o material la mera expectativa de un futuro cambio normativo, toda vez que ello no implica alteración alguna de los términos en los que la disputa procesal fue planteada y resuelta. Del mismo modo, tomando en consideración que había transcurrido un dilatado periodo de tiempo desde que alcanzó firmeza la orden judicial de demolición de la obra, tampoco cabe sostener, como se hace en la resolución impugnada, que frente a la exigencia constitucional de ejecución de las resoluciones judiciales firmes en sus propios términos, cabe ponderar, a los efectos de su inejecución, las consecuencias que para el condenado conllevaría el cumplimiento inmediato de una orden cuyo objeto es la restauración de la legalidad».

Finalmente, cabe señalar que la existencia de la vía excepcional examinada no puede ser utilizada por la Administración como mecanismo para sustraerse del deber de cumplimiento de las sentencias, en tanto se trata de un derecho fundamental vinculado al derecho a la tutela judicial efectiva del artículo 24.1 de la CE. Así lo recoge la **sentencia del Tribunal Supremo n.º 1488/2023, de 20 de noviembre, ECLI:ES:TS:2023:5144**, citando la **STS, rec. 227/2015, de 23 de septiembre, ECLI:ES:TS:2015:4018**:

> «En la Sentencia de esta Sala 23 de septiembre de 2015 (RC. 227/2015), declaramos que la existencia de esta vía excepcional no puede ser utilizada por la Administración como mecanismo para sustraerse del deber de cumplimiento de las sentencias, en tanto se trata de un derecho fundamental vinculado al derecho a la tutela judicial efectiva del artículo 24.1 de la CE . Señalamos entonces que «la posibilidad legal excepcional que ofrece a las Administraciones públicas el artículo 105 y sus concordantes de la LJCA , sometida a rigurosos requisitos temporales y sustantivos, en concordancia con el principio de buena fe, no puede convertirse en un mecanismo

alternativo en manos de aquellas que favorezca su pasividad o resistencia a la observancia del deber legal que les incumbe de ejecutar las sentencias judiciales firmes en sus propios términos,»».

¿Cuáles son los requisitos para determinar la concurrencia de imposibilidad de cumplimiento de una sentencia en el orden contencioso-administrativo?

Atendiendo a la redacción literal del artículo 105.2 de la LJCA y a lo sostenido por la jurisprudencia, entre otras, la citada **sentencia del Tribunal Supremo n.º 1358/2017, de 26 de julio, ECLI:ES:TS:2017:3241**, para determinar la concurrencia de imposibilidad de cumplimiento de una sentencia deben tenerse en cuenta los siguientes aspectos:

– Ha de existir causa de imposibilidad de ejecución de la sentencia, admitiéndose, en este punto, dos tipos, **causa legal o material**.

– La **legitimación** para iniciar el procedimiento le corresponde al órgano administrativo obligado al cumplimiento de la sentencia.

– El procedimiento comienza con la **comunicación a la autoridad judicial** por el órgano ejecutante, que se lleva a cabo a través del representante procesal de la Administración.

– El **plazo** para la comunicación será de dos meses (art. 104.2 de la LJCA), respecto del cual la jurisprudencia ha venido considerando que no se trata de un plazo de caducidad, como se verá más adelante.

– Para que el juez o tribunal decida sobre si concurre o no causa de imposibilidad, dará **audiencia** a las partes y a quienes considere interesados.

– El concreto **procedimiento** no viene contemplado ni mencionado expresamente. Debe considerarse como tal el procedimiento incidental contemplado en el artículo 109 de la misma LJCA, previsto para «cuantas cuestiones se planteen en la ejecución», y que, en concreto, menciona la cuestión relativa a los «medios con que ha de llevarse a efecto (el fallo de la sentencia) y procedimiento a seguir».

– En cuanto a la **decisión** que se dicte, habrá de pronunciarse, en primer lugar, sobre si concurre o no causa de imposibilidad. En segundo lugar, concurriendo esta, se adoptarán las medidas necesarias para asegurar la mayor efectividad de la sentencia. Finalmente, se fijará, si procede, la indemnización por la parte que no pueda ser cumplida en su totalidad.

En cuanto a la adopción de medidas cautelares en la tramitación del incidente de ejecución de sentencias, es doctrina consolidada que no caben las mismas. En este sentido señala la **sentencia del Tribunal Supremo, rec. 2148/2006, de 11 de junio, ECLI:ES:TS:2008:4286**, que «(...) debemos rechazar la posibilidad de la adopción de las mencionadas medidas cautelares durante la tramitación de un incidente de ejecución de sentencia, y, en concreto, dentro de los incidentes dirigidos a la determinación de la existencia de causa de inejecución de sentencia (...)».

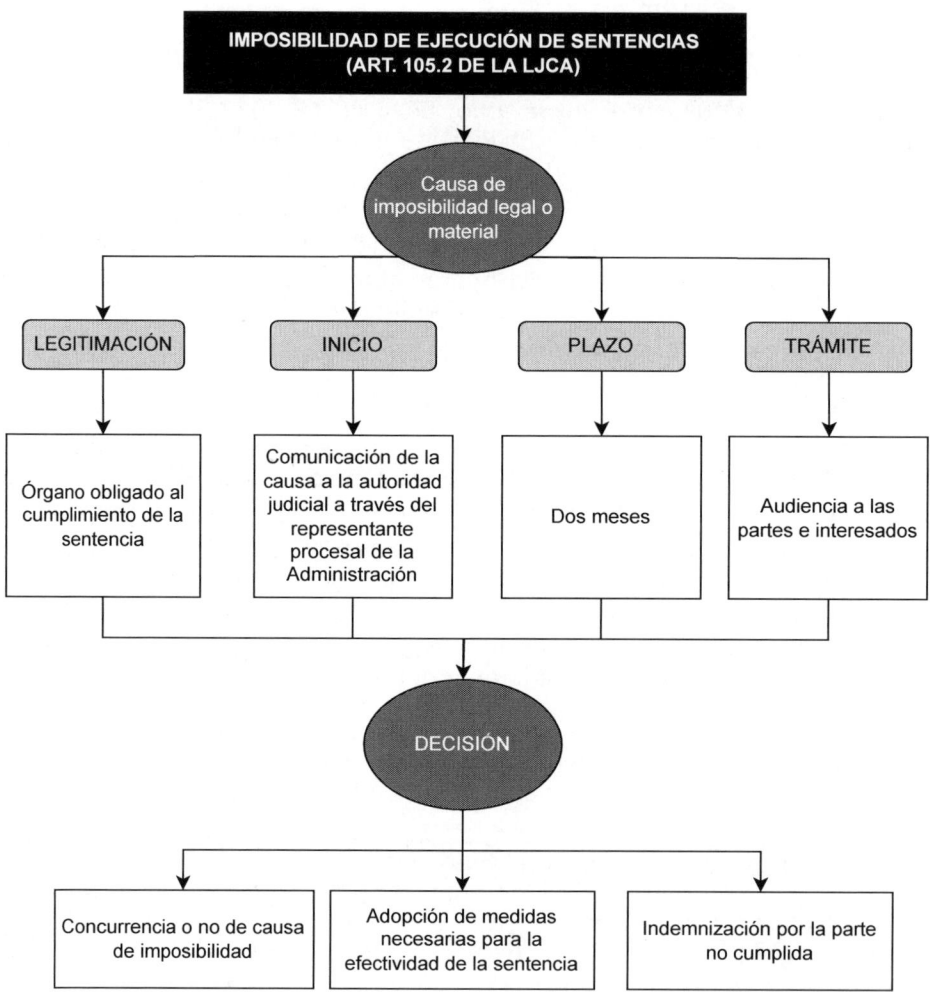

‖ ¿Cuál es la naturaleza del plazo de dos meses previsto en el artículo 105.2 de la LJCA?

Como ya se ha dicho, el artículo 105.2 de la LJCA, en el procedimiento para apreciar la imposibilidad de cumplimiento de una sentencia, remite al plazo de dos meses previsto en el artículo 104.2 de la LJCA. En cuanto a la naturaleza jurídica de este plazo, la jurisprudencia ha señalado, reiteradamente, que **no se trata de un plazo de caducidad absoluto**.

En este sentido, la **sentencia del Tribunal Supremo, rec. 2417/2013, de 13 de mayo de 2014, ECLI:ES:TS:2014:2505**, establece:

«CUARTO.- En cuanto a la cuestión relativa al plazo de dos meses a que se refiere el artículo 105.2 en relación con el 104.2, ambos de la ley de esta jurisdicción para la alegación de la causa de imposibilidad legal o material de ejecución, esta Sala tiene declarado que el plazo señalado en los citados artículos para que el representante procesal de la Administración pueda instar la declaración de imposibilidad legal o material de ejecución de la sentencia —dos meses a partir de la comunicación de la sentencia o el plazo fijado en ésta para el cumplimiento del fallo— no es un plazo de caducidad absoluto, de manera que, como señala la sentencia de esta Sala y sección de 14 de febrero de 2013, que realiza un examen bastante exhaustivo sobre la materia, si efectivamente concurre la imposibilidad, puede ser declarada aun cuando haya transcurrido aquel plazo; y, en esa misma línea, hemos señalado que la declaración de imposibilidad de ejecución podrá instarse en un momento posterior cuando la causa que la determina sobrevenga con posterioridad al transcurso de aquel plazo que señalan los preceptos citados. Ahora bien, esas modulaciones interpretativas, acordes con la finalidad de la norma, de ningún modo significan que el plazo legalmente establecido carezca de toda virtualidad o pueda ser enteramente ignorado. Muy por el contrario, en sentencia de 9 de abril de 2008 (casación 6745/05) tuvimos ocasión de destacar la significación de ese plazo haciendo las siguientes consideraciones: "(...) Si no se fijase un plazo legal para promover el incidente de inejecución de una sentencia por imposibilidad legal o material, cabría la posibilidad de que, en cualquier momento ulterior, se tome un acuerdo o se promulgue una disposición que traten de hacer imposible la ejecución de la sentencia, de modo que, en virtud del principio de seguridad jurídica en el cumplimiento de las sentencias, la ley ha determinado el plazo de dos meses, que, como se indica en la sentencia de esta Sala de fecha 22 de diciembre de 2003 (recurso de casación 1862/2001), se interpretó por la jurisprudencia de forma estricta y que, aun admitiendo precisiones o matizaciones en algunos pronunciamientos, ha de respetarse siempre para salvaguardia del aludido principio que garantiza la ejecución de las sentencias en sus propios términos, interpretación ésta acogida en la más reciente sentencia de esta Sala y Sección de fecha 26 de enero de 2005 (recurso de casación 2354/2002), en que la causa de imposibilidad legal de ejecutar la sentencia se había producido con anterioridad incluso a que se dictase la sentencia, y así se declara en ésta que ‹los acontecimientos constitutivos de la causa de imposibilidad apreciada se desarrollan ya antes de que se dictara sentencia›, mientras que en la ya citada de fecha 24 de enero de 2007 (recurso de casación

140/2004, fundamento jurídico cuarto) hemos expresado que «como requisito de carácter temporal, debe señalarse que el plazo con que cuenta la Administración para el expresado planteamiento es el indicado plazo de dos meses a que se hace referencia en el artículo 104.2 del mismo texto legal, o bien el plazo especial —fijado en la sentencia— al que el mismo precepto se remite»". Estas consideraciones fueron luego reiteradas en la sentencia 9 de febrero de 2009 (casación 1622/2005), a la que ya antes nos hemos referido.

Complementando la doctrina que acabamos de reseñar, la sentencia ya citada de 17 de noviembre de 2008 (casación 4285/05) señala que "(...) la inobservancia del mencionado plazo, y dependiendo de que esa inobservancia sea o no justificada, podrá ser un factor relevante o incluso determinante a la hora de valorar la seriedad del alegato de imposibilidad, y, en definitiva, a la hora de decidir la procedencia de la declaración de imposibilidad de ejecución que se solicita de forma tardía"».

Un supuesto de superación del plazo lo encontramos en el **auto del Tribunal Supremo, rec. 599/2017, de 20 de febrero de 2019, ECLI:ES:TS:2019:2214A**, que añade:

«Pues bien, en relación con la naturaleza jurídica de dicho plazo, la sentencia del TS de 15 de marzo de 1993 y más recientemente la de 6 de junio de 2003 establece, en un supuesto de superación de tal plazo, un criterio sumamente flexible al concluir que: "el indicado plazo no puede calificarse como de caducidad en términos absolutos, pues si verdaderamente concurre una causa de imposibilidad material o legal de ejecutar una sentencia resulta necesario plantear y resolver el incidente de inejecución".

En efecto la sentencia de 6 de junio de 2003, haciéndose eco de la doctrina anteriormente establecida en la sentencia de 12 de septiembre de 1995, afirma que:

a) su cómputo ha de iniciarse, como regla general, desde que surja la causa determinante de la imposibilidad material o legal, "entenderlo de otro modo haría ilusoria en muchos casos la aplicabilidad del artículo 107 de la LJCA cuando la imposibilidad se presentara con posterioridad a los dos meses desde la recepción del testimonio de la sentencia" (ATS de 28 de marzo de 1990);

b) el plazo de los dos meses a que se refiere el artículo 107 de la LJCA no puede calificarse como de caducidad en términos absolutos, y "si verdaderamente concurre una causa de imposibilidad material o legal de ejecutar una sentencia, resulta necesario plantear y resolver el incidente de inejecución, única forma de poder determinar (en su caso) la indemnización que sea pertinente a favor de la parte que obtuvo la sentencia favorable" (ATS de 6 de abril de 1992);

c) procede declarar correctamente admitido el incidente cuando el particular recurrente, en su día, acepta expresamente que se admita transcurridos los dos meses que prescribe la Ley (STS 29 octubre 1992); y

d) en relación con el transcurso del plazo de dos meses establecido en el artículo 107 de la LJCA debe seguirse una interpretación en clave del artículo 18.2 de la LOPJ, en cuanto determina que, si la ejecución resultare imposible, el juez o tribunal adoptará las medidas necesarias que aseguren la mayor efectividad de la ejecutoria, y fijará, en todo caso la indemnización que sea procedente en la parte en que aquélla no pueda ser objeto de cumplimiento pleno (ATS de 22 de febrero de 1994)».

> **A TENER EN CUENTA.** Cuando el **auto del Tribunal Supremo, rec. 599/2017, de 20 de febrero de 2019, ECLI:ES:TS:2019:2214A,** cita el artículo 107 de la LJCA, se refiere a la Ley reguladora de la jurisdicción contencioso-administrativa de 1956, debiendo entenderse en la actualidad al artículo 105.2 de la LJCA de 1998.

En relación con la naturaleza del referido plazo también resulta interesante la lectura de la **STSJ de Navarra n.º 191/2022, de 21 de junio, ECLI:ES:TSJNA:2022:467.**

Contenido del derecho indemnizatorio para el caso de falta de cumplimiento pleno de una sentencia en el orden contencioso-administrativo

El artículo 105.2 de la LJCA reconoce la posibilidad de fijar una indemnización para el caso de que la sentencia no pueda ser objeto de cumplimiento pleno. Para la constitución de este derecho indemnizatorio deben tenerse en cuenta diferentes aspectos que el Tribunal Supremo ha concretado en tres bloques:

– Los gastos procesales.

– El quebranto que supone el hecho de que el pronunciamiento de la sentencia no se realice de forma efectiva.

– Los perjuicios correspondientes al daño emergente.

Así se contempla en la **sentencia del Tribunal Supremo, rec. 89/2006, de 26 de mayo de 2008, ECLI:ES:TS:2008:2688,** cuando dice:

> «(...) debe notarse que de la inejecución de una sentencia pueden derivarse **perjuicios de diversa índole,** siendo diferente el grado de exigencia aplicable en cuanto a la concreción y acreditación de los perjuicios de una u otra clase.
>
> Así, en un primer bloque cabe encuadrar el perjuicio que representan los **gastos procesales** que ha ocasionado el litigio en el que se obtuvo la sentencia favorable que luego no se ha podido ejecutar, que son unos perjuicios materiales fácilmente objetivables y cuya existencia puede en buena medida darse por supuesta, aunque deba acreditarse en cada caso su concreta cuantía. En un segundo apartado ubicaremos el **quebranto que supone el hecho de que el pronunciamiento obtenido en la sentencia no encuentre realización efectiva.** Este menoscabo en la esfera jurídica del litigante, que puede incardinarse en la categoría del "daño moral", no requiere de un especial esfuerzo probatorio pues sin dificultad se comprende que, al margen del concreto valor material de las cuestiones y pretensiones objeto del litigio, comporta un perjuicio el hecho mismo de haber obtenido una sentencia favorable cuya ejecución queda luego frustrada; pero, aunque para su reconocimiento no se requiera, como decimos, un especial esfuerzo probatorio, el carácter marcadamente subjetivo del daño moral

determina que para que pueda ser reconocido sea necesario que el interesado alegue su existencia y ponga de manifiesto su relevancia o entidad en el caso concreto. En fin, un tercer grupo vendría dado por aquellos **perjuicios tangibles** —daño emergente o lucro cesante— que la inejecución de la sentencia ocasione en la esfera patrimonial del interesado; se trata aquí de perjuicios materiales cuya existencia y cuantía dependerá del contenido de la sentencia y de las circunstancias concurrentes en cada caso y que, por ello mismo, debe ser debidamente acreditados por quien los alega.

Es cierto que, según el tenor de los dispuesto en el artículo 105.2 de la Ley reguladora de esta Jurisdicción, en los casos de imposibilidad legal o material de ejecutar la sentencia la existencia de indemnización no es una consecuencia obligada y necesaria sino que la norma legal, además de facultar al órgano sentenciador para apreciar la concurrencia de las causas de imposibilidad, le faculta también para adoptar las medidas necesarias que aseguren la mayor efectividad de la ejecutoria "fijando en su caso la indemnización que proceda (...)" (artículo 105.2 citado). La redacción del precepto indica que **no es preceptivo que la indemnización exista en todo caso**; y, en efecto, no la habrá cuando nadie la solicite. Pero, volviendo ahora al caso que nos ocupa, una vez reconocido a los actores por la Sala sentenciadora "(...) el derecho sustitutorio a percibir una indemnización, en la cuantía correlativa a los perjuicios que acrediten en el pertinente incidente complementario" (parte dispositiva del auto de 23 de noviembre de 2004), debe considerarse ya producido el reconocimiento de la previsión indemnizatoria a que alude el artículo 105.2 antes citado, sin perjuicio de que aún deba determinarse la indemnización en función de los perjuicios que se acrediten (...)».

Así pues, la posibilidad de que el cumplimiento del fallo se sustituya por una indemnización se considera conforme a derecho y no lesiona el artículo 24 de la CE (**STS n.º 262/2023, de 2 de marzo, ECLI:ES:TS:2023:642**). En este sentido señala la **STS n.º 162/2022, de 9 de febrero, ECLI:ES:TS:2022:481**, que:

«Se dispone, por lo tanto, que aun apreciando la concurrencia de circunstancias que la imposibiliten, la ejecución de la sentencia ha de llevarse a cabo en la forma que mejor se acomode a la realización y cumplimiento del fallo y solo en lo demás el legislador autoriza a la sustitución por una indemnización, o dicho de otro modo, ante la apreciación de circunstancias que impidan la plena ejecución del fallo, subsiste el derecho a que en la medida de lo posible se hagan efectivos los pronunciamientos del fallo en los términos establecidos y solo en lo demás, se establece la sustitución, en su caso, por la indemnización adecuada».

Causas de utilidad pública o de interés social según la LJCA en la ejecución de sentencias

El **artículo 105.3 de la LJCA** establece:

«Son causas de utilidad pública o de interés social para expropiar los derechos o intereses legítimos reconocidos frente a la Administración en una sentencia firme el peligro cierto de alteración grave del libre ejercicio de los derechos y libertades de los ciudadanos, el temor fundado de guerra o el quebranto de la integridad del territorio nacional. La declaración de la concurrencia de alguna de las causas citadas se hará por el Gobierno de la Nación; podrá también efectuarse por el Consejo de Gobierno de la Comunidad Autónoma cuando se trate de peligro cierto de alteración grave del libre ejercicio de los derechos y libertades de los ciudadanos y el acto, actividad o disposición impugnados proviniera de los órganos de la Administración de dicha Comunidad o de las Entidades locales de su territorio, así como de las Entidades de Derecho público y Corporaciones dependientes de una y otras.

La declaración de concurrencia de alguna de las causas mencionadas en el párrafo anterior habrá de efectuarse dentro de los dos meses siguientes a la comunicación de la sentencia. El Juez o Tribunal a quien competa la ejecución señalará, por el trámite de los incidentes, la correspondiente indemnización y, si la causa alegada fuera la de peligro cierto de alteración grave del libre ejercicio de los derechos y libertades de los ciudadanos, apreciará, además, la concurrencia de dicho motivo».

Contempla este precepto un incidente excepcional para expropiar los derechos reconocidos en una sentencia firme que difiere del trámite previsto en el apartado segundo para los casos de imposibilidad de ejecución de las sentencias. Sobre el mencionado incidente se puede citar la **sentencia del Tribunal Supremo, rec. 4285/2005, de 17 de noviembre de 2008, ECLI:ES:TS:2008:6228**, que señala:

«Si el Ayuntamiento entendiese que el cumplimiento del fallo, y consiguiente otorgamiento de la licencia, puede resultar seriamente perturbador para los intereses generales o de terceros hasta el punto de comportar un peligro cierto de alteración grave del libre ejercicio de los derechos y libertades de los ciudadanos, existe en nuestro ordenamiento procesal un cauce excepcional que consiste en la expropiación de los derechos reconocidos en sentencia firme (artículo 105.3 de la Ley reguladora de esta Jurisdicción). Esta vía singular y excepcional es muy diferente, tanto en su naturaleza y significado como en el procedimiento a seguir, a la de la imposibilidad legal de ejecución de la sentencia (artículo 105.2 de la misma Ley), que fue la indebidamente elegida por el Ayuntamiento y acogida por la Sala de instancia en el caso presente. Desde luego, no estamos prejuzgando aquí la procedencia de esa vía expropiatoria; y si aludimos a ella es a los solos efectos de indicar que, si el Ayuntamiento decidiese promoverla, debe entenderse que el plazo de dos meses a que se refiere el párrafo segundo del mencionado artículo 105.3 ha de computarse a partir de la notificación de la presente sentencia».

En relación con el incidente previsto en el **artículo 105.3 de la LJCA**, para la expropiación de derechos o intereses legítimos reconocidos frente a la Administración en una sentencia firme, cabe destacar los siguientes aspectos:

– Ha de concurrir **causa de utilidad pública o de interés social**, considerando como tales:

  • El peligro cierto de alteración grave del libre ejercicio de los derechos y libertades de los ciudadanos. En este caso, el juez o tribunal competente para la ejecución deberá apreciar la concurrencia de este motivo, al tiempo de señalar la indemnización.

- El temor fundado de guerra.

- El quebranto de la integridad del territorio nacional.

− La **competencia para declarar la concurrencia de estas causas corresponde al Gobierno** o, en su caso, al Consejo de Gobierno de la comunidad autónoma.

− El **plazo para declarar la existencia de la causa será de dos meses** desde la comunicación de la sentencia.

− Se seguirá el **trámite previsto para los incidentes.**

− El **juez o tribunal encargado de la ejecución será el competente para fijar la indemnización** que proceda.

CUESTIÓN

¿Cuándo corresponde la competencia para declarar la concurrencia de causas de utilidad público o interés social al Consejo de Gobierno de una comunidad autónoma?

En aquellos casos en que la causa sea el peligro cierto de alteración grave del libre ejercicio de los derechos y libertades de los ciudadanos y el acto, actividad o disposición impugnados provenga de los órganos de la Administración de la comunidad autónoma o de las entidades locales de sus territorios, así como de las entidades de derecho público y corporaciones dependientes de una y otras.

3.
CONDENA A LA ADMINISTRACIÓN AL PAGO DE UNA CANTIDAD LÍQUIDA EN EL ORDEN CONTENCIOSO

Ejecución de sentencia condenatoria al pago de cantidad líquida en el procedimiento contencioso-administrativo

La **ejecución de sentencias que condenan a la Administración al pago de una cantidad líquida** se contempla en el **artículo 106 de la Ley de la Jurisdicción de Contencioso-administrativa (LJCA)**, el cual establece:

«1. Cuando la Administración fuere condenada al pago de cantidad líquida, el órgano encargado de su cumplimiento acordará el pago con cargo al crédito correspondiente de su presupuesto que tendrá siempre la consideración de ampliable. Si para el pago fuese necesario realizar una modificación presupuestaria, deberá concluirse el procedimiento correspondiente dentro de los tres meses siguientes al día de notificación de la resolución judicial.

2. A la cantidad a que se refiere el apartado anterior se añadirá el interés legal del dinero, calculado desde la fecha de notificación de la sentencia dictada en única o primera instancia.

3. No obstante lo dispuesto en el artículo 104.2, transcurridos tres meses desde que la sentencia firme sea comunicada al órgano que deba cumplirla, se podrá instar la ejecución forzosa. En este supuesto, la autoridad judicial, oído el órgano encargado de hacerla efectiva, podrá incrementar en dos puntos el interés legal a devengar, siempre que apreciase falta de diligencia en el cumplimiento.

4. Si la Administración condenada al pago de cantidad estimase que el cumplimiento de la sentencia habría de producir trastorno grave a su Hacienda, lo pondrá en conocimiento del juez o tribunal acompañado de una propuesta razonada para que, oídas las partes, se resuelva sobre el modo de ejecutar la sentencia en la forma que sea menos gravosa para aquélla.

5. Lo dispuesto en los apartados anteriores será de aplicación asimismo a los supuestos en que se lleve a efecto la ejecución provisional de las sentencias conforme a esta Ley.

6. Cualquiera de las partes podrá solicitar que la cantidad a satisfacer se compense con créditos que la Administración ostente contra el recurrente».

‖ ¿Cómo ha de hacerse el pago de cantidad por la Administración?

En materia de **exigibilidad de las obligaciones de las Administraciones**, el artículo 21 de la Ley 47/2003, de 26 de noviembre, General Presupuestaria (LGP), en cuanto a la Hacienda Pública estatal y, el artículo 173 del Real Decreto Legislativo 2/2004, de 5 de marzo, por el que se aprueba el texto refundido de la Ley Reguladora de las Haciendas Locales (TRLRHL), en cuanto a estas, señalan que serán exigibles sus obligaciones, entre otros casos, cuando resulten de sentencia judicial firme.

Por lo que se refiere al **cumplimiento de las resoluciones** judiciales que determinen obligaciones a cargo de la Administración General del Estado o sus organismos, el artículo 30 de la Ley 33/2003, de 3 de noviembre, del Patrimonio de las Administraciones Públicas, remite a la Ley General Presupuestaria y al artículo 106 de la LJCA. Este último, en su apartado primero, prevé que el cumplimiento de la sentencia se lleve a cabo pagando la cantidad de que se trate con cargo al presupuesto de la Administración condenada. Añade, además, la posibilidad de modificación presupuestaria para el caso de que fuese necesario, si bien, el procedimiento para dicha modificación habrá de concluirse en el plazo de tres meses desde la notificación de la resolución.

En este sentido, se pronuncian en términos similares el artículo 23 de la LGP y el artículo 173 del TRLRHL, apartados dos a cinco:

Artículo 23 de la LGP

«1. Ningún tribunal ni autoridad administrativa podrá dictar providencia de embargo ni despachar mandamiento de ejecución contra los bienes y derechos patrimoniales cuando se encuentren materialmente afectados a un servicio público o a una función pública, cuando sus rendimientos o el producto de su enajenación estén legalmente afectados a fines diversos, o cuando se trate de valores o títulos representativos del capital de sociedades estatales que ejecuten políticas públicas o presten servicios de interés económico general.

2. El cumplimiento de las resoluciones judiciales que determinen obligaciones a cargo de la Hacienda Pública estatal corresponderá al órgano administrativo que sea competente por razón de la materia, sin perjuicio de la posibilidad de instar, en su caso, otras modalidades de ejecución de acuerdo con la Constitución y las leyes.

3. El órgano administrativo encargado del cumplimiento acordará el pago con cargo al crédito correspondiente, en la forma y con los límites del respectivo presupuesto. Si para el pago fuese necesario realizar una modificación presupuestaria, deberá concluirse el procedimiento correspondiente dentro de los tres meses siguientes al día de la notificación de la resolución judicial».

Artículo 173 apdos. 2 a 5 de la TRLRHL

«2. Los tribunales, jueces y autoridades administrativas no podrán despachar mandamientos de ejecución ni dictar providencias de embargo contra los derechos, fondos, valores y bienes de la hacienda local ni exigir fianzas, depósitos y cauciones a las entidades locales, excepto cuando se trate de bienes patrimoniales no afectados a un uso o servicio público.

3. El cumplimiento de las resoluciones judiciales que determinen obligaciones a cargo de las entidades locales o de sus organismos autónomos corresponderá exclusivamente a aquéllas, sin perjuicio de las facultades de suspensión o inejecución de sentencias previstas en las leyes.

4. La Autoridad administrativa encargada de la ejecución acordará el pago en la forma y con los límites del respectivo presupuesto. Si para el pago fuere necesario un crédito extraordinario o un suplemento de crédito, deberá solicitarse del Pleno uno u otro dentro de los tres meses siguientes al día de notificación de la resolución judicial.

5. No podrán adquirirse compromisos de gastos por cuantía superior al importe de los créditos autorizados en los estados de gastos, siendo nulos de pleno derecho los acuerdos, resoluciones y actos administrativos que infrinjan la expresada norma, sin perjuicio de las responsabilidades a que haya lugar».

‖ Intereses en la condena al pago de cantidad líquida

LECTURA RECOMENDADA

De Diego Díez, L. Alfredo: «El interés adicional en la ejecución de sentencias contencioso-administrativas», en *Cuadernos de Derecho Local*, Fundación Democracia y Gobierno Local, núm. 44, 2017, págs. 132-163.

El **artículo 106 de la LJCA**, en la ejecución de sentencias condenatorias al pago de cantidad líquida por parte de la Administración, hace referencia a **dos tipos de intereses**: el interés legal —del apartado segundo— y el interés legal incrementado en dos puntos —del apartado tercero—.

| a) Interés legal del artículo 106.2 de la LJCA

Se trata del interés legal del dinero fijado anualmente por la Ley de Presupuestos Generales del Estado. Para hablar de interés legal es preciso que nos encontremos ante **una cantidad líquida**. Así, la **sentencia del Tribunal Supremo rec. 4278/2003, de 27 de septiembre de 2006, ECLI:ES:TS:2006:6473**, establece:

> «El estudio de los artículos que se dicen infringidos, unido al de los pronunciamientos de este Tribunal Supremo relacionados con la cuestión suscitada (contenidos, entre otros, en el auto de 17 de septiembre de 2001 y en las sentencias de 31 de mayo y 24 de junio de 1999, 24 de junio y 15 de noviembre de 2005), conduce a la conclusión de que es presupuesto necesario para el inicio del devengo de los intereses por mora procesal el de que la condena al pago lo sea de una **cantidad líquida**».

El interés legal mencionado nace automáticamente a raíz de una condena al pago de cantidad líquida, sin necesidad de que se solicite por las partes ni de que la resolución judicial lo mencione expresamente. En este sentido, la **sentencia del Tribunal Supremo, rec. 1302/2008, de 1 de abril de 2009, ECLI:ES:TS:2009:1564** señala:

> «Es así, porque los intereses de la mora procesal, distintos de los intereses estrictamente moratorios en que no ha existido condena judicial, **nacen por ministerio de la ley**, sin necesidad de petición e incluso de expresa condena. Como resulta de nuestras sentencias de 22 de marzo, 3 de abril, 17 de julio y 4 de diciembre de 1993, 26 de octubre de 1994, 18 de noviembre de 1995, 6 de febrero y 14 de mayo de 1996, 15 de febrero de 1997 y 24 de mayo y 2 de octubre de 1999, entre otras muchas, los intereses reconocidos por las leyes procesales son de aplicación a todo tipo de resoluciones judiciales de cualquier orden jurisdiccional que contengan **condena al pago de cantidad líquida**, con las salvedades o especialidades legalmente previstas para la Hacienda Pública, y su reconocimiento, aun sin petición expresa, no significa incongruencia con las pretensiones de las partes, como tampoco existiría incongruencia omisiva si la sentencia, a pesar de haberse interesado, no contuviese pronunciamiento al respecto, por razón también de su imposición legal; y así, el Tribunal Constitucional señaló en su sentencia número 167/1985, de 10 de diciembre, que, respecto a tales intereses, *"ni hace falta pedir lo que la ley manda ni comete incongruencia el juez que silencia un 'petitum' de tal naturaleza"*».

La **sentencia del Tribunal Supremo n.º 1576/2018, de 31 de octubre, ECLI:ES:TS:2018:3776**, insiste en la misma idea:

> «Por tanto, lo relevante, es que el **devengo del tipo de interés legal** sobre la cantidad a que asciende la condena, es, funcionalmente, un contenido necesario, **impuesto ope legis** para toda condena consistente en el pago de cantidad líquida, con independencia de la mayor o menor duración de las actuaciones de ejecución de la sentencia. De ahí que la referencia a los trámites y procedimientos que haya de afrontar la Administración para ejecutar la sentencia no tengan relevancia alguna para la efectividad de aquel derecho a percibir los intereses legales que ambas normas contemplan.
>
> (...)
>
> El hecho incontestable de que la Administración ha de seguir siempre determinados trámites y procedimientos para proceder, por mor de las exigencias legales de tipo presupuestarios y de fiscalización, en nada debe afectar al derecho del ejecutante, que debe mantener la integridad de su crédito, como exige el artículo 106.2 de la LJCA. No cabe negar la existencia de unos trámites procedimentales que habrá de seguir la Administración para efectuar el pago, incluyendo, eventualmente, un trámite de modificación presupuestaria, como prevé el artículo 106.1 de la LJCA. Pero lo cierto es que el artículo 106.2 de la LJCA, no **subordina el devengo de los intereses legales** a aquellos trámites sino al **puro y simple hecho de la condena a cantidad líquida**. Dicho de otra forma, el mandato del art.

106.2 LJCA se dirige al órgano administrativo responsable del cumplimiento de la sentencia al pago de cantidad liquida, imponiéndole la obligación de liquidar y abonar, además de la cantidad líquida a que asciende la condena, el importe resultante de aplicar sobre aquella el interés legal calculado desde la fecha de notificación de la sentencia. Ni la fecha de inicio de las actuaciones necesarias para la ejecución de la sentencia de condena al pago de cantidad líquida, ni la duración de tales actuaciones, son elementos que incidan en el devengo de los intereses legales que dispone el artículo 106.2 de la LJCA».

El cálculo del interés legal se efectúa desde el momento de la notificación de la sentencia dictada en única o primera instancia. La jurisprudencia se ha venido pronunciando, de forma reiterada, sobre la determinación del *dies a quo* para el cómputo del plazo del interés legal. Así, la mencionada **sentencia del Tribunal Supremo n.° 1576/2018, de 31 de octubre, ECLI:ES:TS:2018:3776,** establece:

«Una primera aproximación a la cuestión planteada, desde la perspectiva de una interpretación gramatical de la norma (art. 3.1 del Código Civil), pone de manifiesto que el artículo 106.2 de la LJCA **identifica la fecha del devengo de los intereses legales con la de notificación** de un acto procesal del órgano jurisdiccional que la norma delimita expresamente como **sentencia de primera o única instancia**, en clara referencia, por tanto, a que, aun en la eventualidad de existir otras resoluciones posteriores en vía de recurso, será la fecha de la notificación de la dictada en primera instancia, y no de la recaída en recurso —sea de apelación o de casación— la que deba ser tomada en consideración para el devengo de los intereses legales.

En segundo lugar, la expresión utilizada es la de notificación, por tanto, la de un acto de comunicación (art. 149.1.° y 150 de la Ley de Enjuiciamiento Civil de 1/2000, de 7 de enero, en adelante LEC) del órgano jurisdiccional dirigido a las partes procesales, y relativo a un acto inequívocamente identificado, que es la sentencia de primera o única instancia. Se trata, por tanto, de un acto de comunicación de naturaleza diferente a la de la comunicación del art 104.1 LJCA, en que pretende la recurrente en casación situar el devengo de los intereses legales, pues aquella comunicación no tiene por destinatario a la representación de las partes procesales, sino al órgano administrativo que hubiere realizado la actividad.

(...)

Sin embargo, el devengo del interés legal se produce, en todo caso, y cualesquiera que sean las incidencias de la ejecución, desde la fecha de notificación de la sentencia en primera o única instancia. Una eventual dilación de la Administración podrá dar lugar, en su caso, al incremento en dos puntos del tipo de interés legal, como prevé el art. 106.3 de la LJCA, pero no afectará, en ningún caso, al devengo del interés legal previsto en el art. 106.2 de la LJCA.

(...) procede declarar que **el dies a quo para el cómputo del plazo del interés legal** sobre la cantidad liquida a la que resulte condenada la Administración, a que se refiere el artículo 106 de la LJCA es la fecha de notificación de la sentencia de única o primera instancia a la representación procesal de la Administración demandada. Si bien la implantación generalizada del sistema de notificación telemática resta transcendencia a una eventual diferencia temporal entre la fecha de notificación de dicha sentencia a las distintas partes procesales, conviene identificar de forma precisa el dies a quo en la fecha de la notificación a la defensa de la Administración condenada al pago por evidentes razones de seguridad jurídica, pues sólo entonces se produce la plenitud de efectos para la parte condenada».

CUESTIÓN

¿Habrá de tenerse en cuenta la actualización del IPC para el abono de la indemnización por parte de la Administración?

No, así lo deja claro la **sentencia del Tribunal Supremo n.º 608/2021, de 4 de mayo, ECLI:ES:TS:2021:1707,** que reza el tenor literal siguiente:

«Conviene recordar que, a la hora de fijar el importe de la indemnización a satisfacer por la Administración demandada, esta Sala, en contra de lo que aquí sostiene la mercantil demandante, ha rechazado la posibilidad de actualizar con arreglo al IPC las cantidades efectivamente satisfechas por el IVMDH, como también la posibilidad de tomar en consideración ese importe actualizado para el cálculo de los correspondientes intereses a abonar.

En particular, la Sala, teniendo presente el principio de plena indemnidad que rige en materia de responsabilidad patrimonial del Estado legislador, siempre ha resuelto que lo único que ha de entenderse procedente por el indebido abono del IVMDH han de ser los intereses legales devengados desde el día de la presentación de la reclamación administrativa hasta la fecha de notificación de la sentencia o, en su caso, del auto de extensión de efectos [vid., por todas, sentencias de 14 de diciembre de 2020 (recursos contencioso-administrativos números 3672/2016, ES:TS:2020:4140; 3414/2016, ES:TS:2020:4138 y 3676/2016, ES:TS:2020:4141) y 3 de diciembre de 2020 (recurso contencioso- administrativo número 1321/2016; ES:TS:2020:4136)], por lo que en ningún caso podrá abonarse a Distribuciones Alcopeña, S.L., el importe actualizado de las cantidades que indebidamente satisfizo por el IVMDH».

La **finalidad** del interés legal es **indemnizatoria**, pues tiene por objeto compensar el perjuicio causado por la demora de la Administración en el pago de la cantidad impuesta en la condena.

CUESTIÓN

¿Qué diferencias existen entre los intereses en el ámbito contencioso-administrativo y en el ámbito civil?

En el orden contencioso-administrativo la LEC actúa como norma supletoria, *ex* artículo 4 de la LEC. No obstante, lo anterior rige, en todo caso, el principio de especialidad. Así pues, a la hora de hablar del interés en caso de condena al pago de cantidad líquida, cabe destacar lo dispuesto en la **sentencia del Tribunal Supremo n.º 1576/2018, de 31 de octubre, ECLI:ES:TS:2018:3776,** de la que se infiere:

– Existe analogía en la disposición sistemática de las normas relativas a esta materia (artículo 106.2 de la LJCA, dentro de la ejecución de sentencias, y artículo 576 de la LEC, en la ejecución dineraria).

> – Ambas normas configuran un derecho *ope legis*, en favor del ejecutante, a que se devengue un interés de la cantidad de la condena.
>
> – La diferencia entre uno y otro orden jurisdiccional viene determinada por el hecho de que la LJCA contempla el interés legal del dinero desde la fecha de notificación de la sentencia dictada en única o primera instancia. La LEC, por su parte, hace referencia al interés legal del dinero incrementado en dos puntos desde que se dicte la sentencia o resolución.

Hay que tener en cuenta que la LJCA también contempla la posibilidad de ese incremento del interés en dos puntos, pero de forma potestativa para el caso de que se aprecie falta de diligencia en el cumplimiento de la sentencia.

b) Interés legal incrementado en dos puntos del artículo 106.3 de la LJCA

Frente al plazo de dos meses del artículo 104.2 de la LJCA, el apartado tercero del artículo 106 de la misma norma establece un plazo más amplio, **tres meses**, para que se abra la posibilidad de instar la ejecución forzosa en caso de falta de cumplimiento de una sentencia de condena al pago de cantidad líquida por la Administración.

En este supuesto se contempla, además, un eventual incremento de los intereses legales en dos puntos; incremento no preceptivo cuya aplicación no es automática, sino que se hace depender de tres circunstancias, tal y como señala la **sentencia del Tribunal Supremo de 20 de diciembre de 2004, rec. 2324/2001, ECLI:ES:TS:2004:8265**:

- Transcurso del plazo de tres meses para la ejecución voluntaria de la sentencia.

- Ha de instarse la ejecución forzosa por el interesado.

- La autoridad judicial encargada de la ejecución ha de apreciar falta de diligencia de la Administración en el cumplimiento.

Así es como se refleja en la ya citada **sentencia del Tribunal Supremo, rec. 1302/2008, de 1 de abril de 2009, ECLI:ES:TS:2009:1564**:

> «(...) el incremento del interés legal en dos puntos no es una consecuencia o efecto que opere o se produzca necesariamente, sino uno que queda sujeto a las exigencias de que hayan transcurrido tres meses desde que la sentencia firme fue comunicada al órgano que deba cumplirla y de que, tras instarse la ejecución forzosa y oírse al órgano encargado de hacerla efectiva, se acuerde así por la autoridad judicial por apreciar falta de diligencia en el cumplimiento».

En el mismo sentido se pronuncia la **Audiencia Nacional en el auto n.º 32/2020, de 13 de enero, ECLI:ES:AN:2020:461A**:

> «La previsión legal no impone de forma automática el incremento en dos puntos, sino que deberá ser mediante resolución judicial y si se aprecia que el retraso es imputable a quien debió ejecutar la sentencia: sólo si se aprecia falta de diligencia en el cumplimiento, el órgano judicial podrá

incrementar el interés legal en dos puntos, oído el órgano encargado de hacer efectiva la sentencia».

El Tribunal Supremo ha declarado, entre otras, en la **STS, rec. 2324/2001, de 20 de diciembre de 2004, ECLI:ES:TS:2004:8265** que el incremento de dos puntos «se aplicará a partir de la notificación de la resolución del tribunal acordando ese incremento». Mientras que el **auto del Tribunal Supremo, rec. 476/1998, de 19 de mayo de 2004, ECLI:ES:TS:2004:6478A**, indica que «(...) el incremento no se aplica "sobre" el interés, sino que es el propio interés a aplicar sobre la cantidad principal el que ve incrementado el tipo al que debe calcularse en dos puntos».

La **finalidad del incremento del interés** previsto en el artículo 106.3 de la LJCA **es coercitiva**, toda vez que se establece para incentivar la ejecución de la sentencia, constituyendo un mecanismo indirecto de ejecución forzosa. También se le ha reconocido naturaleza sancionadora, habida cuenta de que se devengan a raíz de la falta de diligencia de la Administración en el cumplimiento de la condena.

En cuanto a la falta de diligencia en el cumplimiento, el **auto del Tribunal Supremo, rec. 1065/2000, de 16 de diciembre de 2002, ECLI:ES:TS:2002:4298A**, señala:

> «Se faculta, por tanto, al órgano judicial para apreciar o no la falta de diligencia en función de las circunstancias que hayan concurrido en la tramitación por la Administración de su obligación de pago. No basta, según se infiere del propio precepto, el mero retraso en el cumplimiento del pago. Esta demora ya tiene su compensación al ejecutante mediante el abono del interés legal del dinero. Es preciso apreciar además del retraso, una **actitud**, que, aunque no llegue a caer en la negligencia, sea **indicativa de cierta indiferencia, desidia o inercia**, que pongan de manifiesto a la Sala el retraso injustificado a que se refiere la Exposición de Motivos de la Ley.
>
> No es esto lo que ha ocurrido en el caso de autos. El retraso realmente se ha producido, pero de ningún modo puede considerarse que haya existido falta de diligencia. En efecto, desde que se notifica la sentencia, la Administración ha desarrollado una actividad ininterrumpida dirigida a su cumplimiento que, aunque en algunos momentos se ha dilatado en el tiempo, se vio culminada con el pago dentro del mismo ejercicio económico de su dictado, seis meses después de que transcurrieran los tres que determina el día "a quo" para la ejecución forzosa. El relato fáctico del que se ha dejado constancia en los antecedentes pone de manifiesto la sucesiva concatenación de actos dirigidos al pago, que impiden apreciar falta de diligencia en la administración.
>
> Debe agregarse, por último, que el incremento en dos puntos del interés legal del dinero constituye una medida instaurada como **instrumento de coerción** para que la Administración acelere el pago. Por ello, en casos como el presente, en que ya se ha efectuado el mismo, su aplicación desnaturalizaría, en cierto modo, su verdadero carácter que se tornaría en sancionador frente a una actuación que, como se ha dicho, no ha incurrido en falta de diligencia».

¿Qué sucede en caso de trastorno grave de la hacienda de la Administración?

El **artículo 106 de la LJCA, en su apartado 4**, establece:

> «Si la Administración condenada al pago de cantidad estimase que el cumplimiento de la sentencia habría de producir trastorno grave a su Hacienda, lo pondrá en conocimiento del juez o tribunal acompañado de una propuesta razonada para que, oídas las partes, se resuelva sobre el modo de ejecutar la sentencia en la forma que sea menos gravosa para aquélla».

En consonancia con las especialidades y privilegios que para la ejecución de sentencias de condena por las Administraciones públicas se establecen en el ordenamiento jurídico, el precepto citado constituye un ejemplo más de la desigualdad de trato de los particulares y de la Administración cuando son condenados al pago de una cantidad.

En este sentido, contempla el **artículo 106.4 de la LJCA** la posibilidad de que, en caso de trastorno grave a la hacienda de la Administración condenada, el cumplimiento de la sentencia se lleve a cabo de forma diferente a la establecida en la resolución y que sea menos gravosa para aquella. Se admite, así, acudir a mecanismos de ejecución que, reportando ventaja para el cumplimiento de la sentencia por la Administración, suponen perjuicio para el acreedor interesado en la ejecución. A título de ejemplo, puede citarse el caso de que se admita el fraccionamiento del pago de la deuda de la Administración, lo que constituye un gravamen sobre el acreedor, en tanto que se ve obligado a hacer un préstamo forzoso a la Administración condenada.

Reflejo de esa ventaja de la Administración es, también, el hecho de que sea la propia entidad condenada la que tiene la iniciativa, es decir, la que ha de apreciar el trastorno grave de su hacienda y la que propone el modo menos gravoso para el cumplimiento de la sentencia. Supone, por tanto, esta posibilidad, un mecanismo más para la dilación del cumplimiento de la resolución, con los perjuicios que de ello derivan para el interesado.

Concluye el **artículo 106 de la LJCA, apartados 5 y 6**:

> «5. Lo dispuesto en los apartados anteriores será de aplicación asimismo a los supuestos en que se lleve a efecto la ejecución provisional de las sentencias conforme a esta Ley.
>
> 6. Cualquiera de las partes podrá solicitar que la cantidad a satisfacer se compense con créditos que la Administración ostente contra el recurrente».

El **apartado 5 del citado artículo** declara aplicable lo dispuesto para la ejecución de sentencias de condena al pago de cantidad líquida a los supuestos de **ejecución provisional de las sentencias**. A tal efecto, deben tenerse en cuenta los artículos 84 y 91 de la LJCA que, respectivamente, regulan la ejecución provisional durante la interposición del recurso de apelación y de casación, derecho contemplado en todo caso, a excepción de que tal ejecución sea susceptible de producir situaciones irreversibles o perjuicios de imposible o difícil reparación, pudiendo exigirse para la misma la constitución de caución.

Reconoce, finalmente, el **apartado 6** la posibilidad de **compensación de la cantidad a satisfacer por la Administración con créditos que la misma tenga contra el recurrente**, citando en este sentido el artículo 14 de la LGP relativo a la compensación de deudas. Asimismo, para poder hacer un uso correcto de esta figura jurídica es importante ajustarse a lo dispuesto en los artículos 1195 a 1202 del Código Civil que regulan la compensación como forma de extinción de las obligaciones y de los que se infiere, a grandes rasgos, lo siguiente:

– Ambas partes deben ser recíprocamente acreedoras y deudoras la una de la otra.

– Ambas deudas han de consistir en una cantidad de dinero o, siendo fungibles las cosas debidas, sean de la misma especie y calidad.

– Que ambas deudas estén vencidas.

– Que sean líquidas y exigibles.

– Que no haya, sobre las deudas, retención de terceras personas.

– El efecto de la compensación es extinguir las deudas de ambas partes en la cantidad concurrente.

4.
EJECUCIÓN DE SENTENCIAS QUE CONDENAN A LA ANULABILIDAD DE UN ACTO O DISPOSICIÓN, O A REALIZAR UNA ACTIVIDAD O ACTO

Ejecución de sentencias que condenan a la anulabilidad total o parcial de un acto o disposición de la Administración

El **artículo 71, apartado 1, letra a) de la LJCA** dispone que la sentencia estimatoria del recurso contencioso-administrativo «declarará no ser conforme a Derecho y, en su caso, anulará total o parcialmente la disposición o acto recurrido o dispondrá que cese o se modifique la actuación impugnada».

En materia de ejecución de sentencias que condenen a la anulabilidad total o parcial de un acto o disposición de la Administración, el **artículo 107 de la LJCA**, una vez que la sentencia sea firme, establece **dos supuestos**:

a) Que la sentencia firme anule total o parcialmente el acto impugnado. En este caso, el letrado de la Administración de Justicia dispondrá, a instancia de parte:

– La inscripción del fallo en los registros públicos a que hubiere tenido acceso el acto anulado.

– La publicación del fallo en los periódicos oficiales o privados, debiendo acreditarse, en este último caso, ante el órgano jurisdiccional el interés público que lo justifique.

Para acordar estas medidas se exige la concurrencia de causa bastante y, además, las mismas se llevarán a efecto a costa de la parte ejecutada.

La jurisprudencia, en relación con el artículo 107.1 de la LJCA, ha venido considerando que se tratan de medidas tendentes a asegurar el conocimiento y difusión del fallo por el que se anula el acto impugnado. Ejemplo de lo anterior, es la **sentencia del Tribunal Supremo, rec. 5176/2007, de 9 de julio de 2009, ECLI:ES:TS:2009:4974**, que establece:

> «QUINTO.- Las medidas consistentes en la publicación en periódicos públicos y privados y la inscripción en registros que se establecen en el apartado 1 del artículo 107 de la LJCA, son **medidas propias y genuinas de fase de ejecución** de sentencia que **tienden a asegurar la difusión** mediante la publicidad y la inscripción del fallo estimatorio de la sentencia que anula total o parcialmente el acto impugnado. De modo que se trata de pronunciamientos ajenos al principio de inmutabilidad de lo acordado en sentencia firme, y que no hubiera podido ser decidida en la sentencia sencillamente porque hubiera sido prematuro su planteamiento y resolución.
>
> La adopción de tales medidas, en este sentido, se sujeta a determinados requisitos establecidos en el propio artículo 107.1 de la LJCA, que imponen una mayor publicidad del fallo cuando se intensifica la presencia del interés público, como es el caso de la publicación en periódicos privados, pero sucede que las cuestiones que en la interpretación de tales normas puedan suscitarse corresponde únicamente al juez de la ejecución. Es de notar, como ya hemos adelantado, que la adopción o denegación de estas medidas, que extienden y propagan el conocimiento de lo resuelto en sentencia firme, no supone contradecir la sentencia ni decidir sobre cuestiones no resueltas por la misma, pues por la propia naturaleza de este pronunciamiento resulta impropio e imposible de adoptar en la fase que concluye en la sentencia, toda vez que la propia regulación legal establece un presupuesto básico: que haya recaído sentencia firme que anule total o parcialmente el acto impugnado».

b) Que la sentencia anule total o parcialmente una disposición general o un acto administrativo que afecte a una pluralidad indeterminada de personas. En este supuesto, el letrado de la Administración de Justicia del órgano judicial, de oficio, ordenará la publicación de la sentencia en el diario oficial en el plazo de 10 días desde la firmeza.

La adopción de las medidas previstas en el apartado primero del artículo 107 de la LJCA, como ya se ha dicho, se ha efectuar por el letrado de la Administración de Justicia a instancia de parte; si bien, en el caso del apartado segundo, ha de proceder aquel de oficio. Esta circunstancia puede tener su explicación en el hecho de que el acto o disposición anulados afectan a una pluralidad de personas y, en consecuencia, su publicación revierte mayor interés. Véase, a título de ejemplo, la **sentencia del Tribunal Supremo, rec. 4126/2002, de 6 de marzo de 2006, ECLI:ES:TS:2006:1087**. En ella se examina hasta qué punto es necesaria la publicidad, su alcance y los aspectos que han de darse a conocer públicamente para el pleno restablecimiento de la situación conculcada, en el caso de que se anule una resolución sancionadora impuesta a una empresa de renombre, teniendo en cuenta el daño causado a su imagen:

> «Así, en lo que se refiere a la publicación de la parte dispositiva de una resolución sancionadora del Tribunal de Defensa de la Competencia, hemos reiterado que para determinar si se causa o no un daño irreparable a

la imagen de la empresa sancionada, ha de valorarse, más que el solo dato de la publicación, el contenido o naturaleza de la conducta que se sanciona y se hace pública; y, también, que el interés público representado por hacer llegar a los consumidores el acuerdo de aquel tribunal, en aras del beneficio del mercado, es prevalente al daño que puede ocasionarse a la empresa con la publicación, el cual, en cualquier caso, sería reparable si obtuviese sentencia favorable a su pretensión anulatoria. Añadíamos que, en su caso, tal sentencia posibilita el pleno restablecimiento de la situación jurídica conculcada y, por tanto, no se opone a una hipotética publicación de un fallo estimatorio del recurso que contrarrestara los efectos negativos de la publicación ordenada en la resolución recurrida (artículo 107 de la Ley 29/1998), ni al reintegro de los gastos derivados de la publicación ordenada (artículo 71 de la misma ley)».

A TENER EN CUENTA. La publicación prevista en el artículo 107.2 de la LJCA será de aplicación también a supuestos de adopción de medidas cautelares tales como la suspensión de la vigencia de disposiciones de carácter general o la suspensión de actos administrativos que afecten a una pluralidad indeterminada de personas. Así lo recoge, en la regulación de las medidas cautelares, el artículo 134.2 de la LJCA.

CONDENA A LA ANULABILIDAD TOTAL O PARCIAL DE UN ACTO O DISPOSICIÓN (ART. 107 LJCA)	
ART. 107.1 LJCA	ART. 107.2 LJCA
SENTENCIA FIRME QUE ANULE TOTAL O PARCIALMENTE:	
Acto impugnado	Disposición general o acto administrativo que afecte a una pluralidad indeterminada de personas
Letrado de la Administración de Justicia a instancia de parte	Letrado de la Administración de Justicia de oficio
- Inscripción en los registros públicos a los que hubiere accedido el acto. - Publicación en periódicos oficiales o privados (interés público)	Publicación en diario oficial
Ha de concurrir causa bastante y efectuarse a costa de la parte ejecutada	Plazo de diez días desde la firmeza de la sentencia

Ejecución de sentencias que condenan a la Administración a la realización de una actividad o a dictar un acto

El **artículo 71.1.c) de la LJCA** establece, para el caso de que la sentencia estimase el recurso contencioso-administrativo, que «si la medida consistiera en la emisión de un acto o en la práctica de una actuación jurídicamente obligatoria, la sentencia podrá establecer plazo para que se cumpla el fallo».

En el mismo sentido, tratándose de sentencias que condenen a la Administración a realizar una actividad o a dictar un acto, el **artículo 108 de la LJCA, en su apartado primero**, contempla la actuación del juez o tribunal en **caso de incumplimiento de la sentencia** por parte de la Administración, señalando:

> «Si la sentencia condenare a la Administración a realizar una determinada actividad o a dictar un acto, el juez o tribunal podrá, en caso de incumplimiento:
> a) Ejecutar la sentencia a través de sus propios medios o requiriendo la colaboración de las autoridades y agentes de la Administración condenada o, en su defecto, de otras Administraciones públicas, con observancia de los procedimientos establecidos al efecto.
> b) Adoptar las medidas necesarias para que el fallo adquiera la eficacia que, en su caso, sería inherente al acto omitido, entre las que se incluye la ejecución subsidiaria con cargo a la Administración condenada».

Este precepto obedece, fundamentalmente, a los **deberes constitucionales de cumplimiento de las sentencias y de colaboración** que recoge el **artículo 118 de la CE**. Es así, toda vez que, el artículo 108.1 de la LJCA, prevé, en el caso de incumplimiento de la sentencia por la Administración, que sean los jueces y tribunales quienes procedan a la ejecución. Estos tendrán la doble posibilidad de ejecutarla por sus propios medios, o bien requerir, al efecto, la colaboración de otras Administraciones.

Así, es interesante la **sentencia del Tribunal Constitucional n.º 67/1984, de 7 de junio, ECLI:ES:TC:1984:67**, que reza lo siguiente:

> «Cuando para hacer ejecutar lo juzgado, **el órgano judicial adopta una resolución que ha de ser cumplida por un ente público, éste ha de llevarla a cabo con la necesaria diligencia, sin obstaculizar el cumplimiento de lo acordado**, por imponerlo así el art. 118 de la Constitución; y cuando tal obstaculización se produzca, el Juez ha de adoptar las medidas necesarias para la ejecución, de acuerdo con las Leyes, que han de ser interpretadas -según ha declarado el Tribunal en reiteradas ocasiones- de conformidad con la Constitución y en el sentido más favorable para la efectividad del derecho fundamental. Si tales medidas no se adoptan con la intensidad necesaria -y legalmente posible- para remover la obstaculización producida, el órgano judicial vulnera el derecho fundamental a la ejecución de las Sentencias, que le impone -como antes decíamos- el deber de adoptar las medidas oportunas para llevarla a cabo. Por otra parte, tales medidas han de adoptarse sin que se

produzcan dilaciones indebidas, pues de otra forma se vulneraría el art. 24.2 de la Constitución, que si bien, como señala la mencionada Sentencia, no se confunde con el derecho a la ejecución de las Sentencias del 24.1, se encuentra en íntima relación con el mismo, pues es claro que el retraso injustificado en la adopción de las medidas indicadas, afecta en el tiempo a la efectividad del derecho fundamental, de tal forma que, como afirma la Sentencia del Tribunal 6/1981, de 14 de julio, en su fundamento jurídico 3 («Boletín Oficial del Estado» de 20 de julio), debe plantearse como un posible ataque al derecho a la tutela judicial efectiva las dilaciones injustificadas que puedan acontecer en cualquier proceso».

Añade, además, la letra b) del citado precepto, la posibilidad de adopción de las medidas que se estimen necesarias para lograr la eficacia del fallo, orientada, una vez más, al cumplimiento de la sentencia, a pesar de la desidia de la Administración condenada.

El apartado segundo de este artículo dispone: «si la Administración realizare alguna actividad que contraviniera los pronunciamientos del fallo, el juez o tribunal, a instancia de los interesados, procederá a reponer la situación al estado exigido por el fallo y determinará los daños y perjuicios que ocasionare el incumplimiento».

Debe apreciarse la vinculación de este precepto con el **artículo 103, apartados 4 y 5, de la LJCA**, de los que se deriva la nulidad de pleno derecho de las actuaciones que contravengan los pronunciamientos de una sentencia «con la finalidad de eludir su cumplimiento»; nulidad que declarará el órgano ejecutante con competencia al efecto, a instancia de parte y siguiendo los trámites del artículo 109 de la LJCA, apartados 2 y 3.

En relación con estos preceptos, en cuanto a los pronunciamientos contrarios al fallo, la jurisprudencia ha venido hablando de supuestos de ejecución fraudulenta o incumplimiento disimulado.

CUESTIÓN

¿Cómo puede definirse la expresión «insinceridad de la desobediencia disimulada» tan utilizada por la jurisprudencia?

El Tribunal Constitucional en su sentencia n.º 167/1987, de 28 de octubre, ECLI:ES:TC:1987:167, la ha definido como: «(...) se traduce en cumplimiento defectuoso o puramente aparente, o en formas de inejecución indirecta, como son entre otras la modificación de los términos estrictos de la ejecutoria, la reproducción total o parcial del acto anulado o la emisión de otros actos de contenido incompatible con la plena eficacia del fallo».

Para completar la presente cuestión es interesante, a modo de ejemplo, traer a colación lo señalado en la **sentencia del Tribunal Supremo rec. 1738/2014, de 26 de octubre de 2015, ECLI:ES:TS:2015:4443**:

«La cuestión enunciada debe resolverse mediante la proyección general de la doctrina relativa a la reacción frente a una Administración que elude las consecuencias de una sentencia que anula un acto administrativo dictando otro que reproduce sustancialmente el contenido o los efectos del acto anulado ("la insinceridad de la desobediencia disimulada.

Si se trata de la reiteración de una liquidación o acto recaudatorio declarado material o sustantivamente improcedente y, por ende, anulado, ha de aplicarse la doctrina de este Tribunal y del Tribunal Constitucional que, como consecuencia de considerar que el derecho a la ejecución de las sentencias forma parte del derecho a la tutela judicial efectiva, entiende que aquélla es contraria al artículo 24.1 CE y, por tanto, nula, ex artículo 103.4 LJCA y 62.1.a) LRJ y PAC. Declaración de nulidad que debe el órgano jurisdiccional a quien corresponda la ejecución de la sentencia, salvo que carezca de competencia para ello conforme a lo dispuesto por la LJCA (art. 103.5).

Por el contrario, nuestra jurisprudencia considera procedente el nuevo acto tributario, de liquidación o de recaudación que se dicte después de corregido el defecto formal, si se adecúa materialmente al ordenamiento jurídico, porque es trasunto correcto de la deuda tributaria procedente, siempre que se produzca sin haber transcurrido el plazo de prescripción del derecho de la Administración tributaria a liquidar o recaudar».

JURISPRUDENCIA

Sentencia del Tribunal Supremo, rec.4936/2002, de 21 de junio de 2005, ECLI:ES:TS:2005:4067

«El artículo 103 de la ley de la jurisdicción, en sus apartados 4 y 5, permite que, en el procedimiento de ejecución, resolviendo un mero incidente en él planteado, se declare la nulidad de actos o disposiciones administrativas distintas, claro es, de las que ya fueron enjuiciadas en la sentencia en ejecución. Pero para ello exige, no sólo que el acto o disposición sea contrario a los pronunciamientos de dicha sentencia, sino, además, que se haya dictado con la finalidad de eludir su cumplimiento. El precepto contempla, pues, un singular supuesto de desviación de poder, en el que el fin perseguido por el acto o disposición no es aquél para el que se otorgó la potestad de dictarlo, sino el de eludir el cumplimiento de la sentencia».

Sentencia del Tribunal Supremo, rec. 8466/2002, de 28 de marzo de 2006, ECLI:ES:TS:2006:3287

«Efectivamente, la nueva LRJCA de 1998, tras la regulación de lo que se ha denominado ejecución voluntaria y ejecución forzosa, contiene, en tercer lugar, los supuesto que han sido calificados como de ejecución fraudulenta; esto es, la nueva ley regula aquellos supuestos en los que la Administración procede formalmente a la ejecución de la sentencia dictada, mediante los pronunciamientos, actos o actuaciones para ello necesarios, pero, sin embargo, el resultado obtenido no conduce justamente a la finalidad establecida por la propia ley; como consecuencia, lo que ocurre es que con la actuación administrativa, en realidad, no se alcanza a cumplir la sentencia en la forma y términos que en esta se consignan, para conseguir llevarla a puro y debido efecto.

Del nuevo texto legal pueden deducirse dos supuestos diferentes de ejecución fraudulenta, el primero (103.4 y 5), con una connotación estrictamente jurídica, y, el segundo (108.2), que pudiera tener como fundamento una actuación de tipo material:

1.º Para evitar, justamente, este tipo de actuaciones, el artículo 103 en sus números 4 y 5, contempla la situación, dibujada por el legislador, de los supuestos "de los actos y disposiciones contrarios a los pronunciamientos de las sentencias, que se dicten con la finalidad de eludir su cumplimiento"; para estos supuestos, esto es, cuando se está en presencia de una actuación jurídica de la Administración —concretada en la emisión de posteriores actos administrativos o en la aprobación de nuevas disposiciones— con la finalidad de eludir los expresados pronunciamientos, el legislador pronuncia y establece como sanción para tales actuaciones la nulidad de pleno derecho de tales actos y disposiciones, regulando a continuación, si bien por vía de remisión, el procedimiento a seguir para la declaración de la nulidad de pleno derecho antes mencionada. En el ámbito urbanístico, estaríamos —como en el supuesto de autos se imputa que acontece— en presencia del posterior planeamiento aprobado o de la posterior licencia dictada "con la finalidad de eludir" la nulidad judicialmente decretada del anterior planeamiento o de la previa licencia. Conviene, pues, destacar que el objeto de este incidente cuenta con un importante componente subjetivo, pues lo que en el mismo debe demostrarse es, justamente, la mencionada finalidad de inejecutar la sentencia con el nuevo y posterior acto o disposición, o, dicho de otro modo, la concurrencia de la desviación de poder en la nueva actuación administrativa, en relación con el pronunciamiento de la sentencia.

[...]

2.º El segundo supuesto (108.2 de la LRJCA) de la que hemos denominado ejecución fraudulenta de la sentencia —aunque no es el supuesto de autos— viene determinada no como consecuencia de una actividad jurídica de la Administración —esto es, mediante actos o disposiciones dictados para contradecir los pronunciamientos de las sentencias, que acabamos de examinar— sino como consecuencia de una actividad material de la propia Administración "que contraviniere los pronunciamientos del fallo" de la misma. Es, como decimos, el supuesto contemplado en el artículo 108.2 de la LRJCA en el cual se hace referencia a los casos en los que "la Administración realizare alguna actividad que contraviniera los pronunciamientos del fallo"».

Sentencia del Tribunal Supremo, rec. 4561/2011, de 8 de noviembre de 2012, ECLI:ES:TS:2012:7568

«En todo caso, debemos advertir que nuestro enjuiciamiento de los autos recurridos, respecto del acuerdo municipal de 10 de noviembre de 2010, se circunscribe únicamente a determinar si mediante el mismo se pretendía eludir el cumplimiento de la sentencia, pues tal es el enjuiciamiento que nos faculta el artículo 103.4 de la LJCA. En este sentido, no nos corresponde pronunciarnos ahora, en este trámite de ejecución de sentencia, sobre cualquier vicio de ilegalidad que pueda contener dicha modificación del plan general, que ahora no pueden ser considerados. Todo ello sin perjuicio de la interposición de un recurso contencioso administrativo independiente y autónomo sobre tal modificación en el que pueda esgrimirse cualquier infracción del ordenamiento jurídico».

Sentencia del Tribunal Supremo, rec. 3297/2010, de 11 de abril de 2013, ECLI:ES:TS:2013:1736

«Por lo que la Administración obligada a entregar la diferencia que tenía en su poder estaba obligada al cumplimiento de lo acordado por el tribunal en ejecución de su sentencia, careciendo de legitimación para erigirse en defensora de los derechos ni procesales ni patrimoniales de la sociedad Desarrollo Urbanístico de Sevilla Este SL (DUSE), que ella misma no entiende vulnerados, por lo que su negativa a devolver esta cantidad y las dificultades procesales que advierte parece que son debidas más a la reticencia en devolver una cantidad que no le corresponde que en la defensa de los intereses de una parte que no opone objeción alguna al cumplimiento de la sentencia en esos términos.

Ninguna consistencia anulatoria pueden tener, a tenor de lo ya argumentado anteriormente en relación con el objeto de los recursos de casación dirigidos a impugnar una resolución dictada en ejecución de sentencia, el que no se sustanciara un incidente de ejecución pues, al margen de que no aparecía como necesario respecto al requerimiento que el Tribunal dirigía al órgano de la Administración expropiante al ser esta decisión una consecuencia directa de lo acordado en sentencia, no se aprecia indefensión alguna para la Administración del Estado pues frente a esta resolución tuvo la oportunidad de interponer recurso de súplica en el que alegar lo que estimó conveniente, de modo que cualquier eventual indefensión material habría quedado subsanada al haber sido oída y haberse resuelto sobre su alegación. Y idéntica conclusión cabe apuntar respecto a la alegación referida a la forma de la resolución inicial -al haberse acordado la devolución por providencia y no por Auto-, pues al margen de que lo relevante no es la forma sino el contenido y la motivación de la resolución judicial adoptada, la posterior interposición de un recurso de súplica concluyó con por Auto».

Sentencia del Tribunal Supremo, rec. 1014/2013, de 29 de septiembre de 2014, ECLI:ES:TS:2014:3816

«No compartimos las posiciones que, de una u otra forma, conducen a interpretar que la Administración está obligada a acertar siempre, de modo que si se equivoca (por mínimo que sea el yerro) pierde la posibilidad de liquidar el tributo, aun cuando su potestad siga viva, porque carecen de sustento normativo que las avale, tanto ordinario como constitucional. Aún más, se opone al principio de eficacia administrativa (artículo 103.1 de la Constitución española) y al logro de un sistema tributario justo en el que cada cual ha de contribuir al sostenimiento de los gastos públicos de acuerdo con su capacidad económica (artículo 31.1 de la Constitución), que abogan por una solución distinta, siempre, claro está, que la seguridad jurídica quede salvaguardada mediante el respeto de los plazos de prescripción y las garantías de defensa del contribuyente debidamente satisfechas. Desde luego, dicho principio constitucional no conlleva, como pretende Alcoholera Catalana, S.A., la prohibición de que, ejercitada una potestad administrativa y anulado el acto a través del que se manifiesta, dicha potestad no pueda ejercitarse ya. No se trata de que la Administración corrija sus actos viciados de defectos materiales hasta «acertar», sino de que, depurado el ordenamiento jurídico mediante la expulsión del acto viciado, la Administración, en aras del interés general, al que ha de servir, proceda a ejercer la potestad que el legislador le ha atribuido si se dan las condiciones que el propio ordenamiento jurídico prevé para ello, con plenas garantías de defensa del contribuyente. Por ello, tampoco cabe hablar de «privilegio exorbitante» de la Hacienda, pues no se le otorga una ventaja injustificada, sino una habilitación para hacer cumplir el mandato que el constituyente incorporó en los artículos 31.1 y 103.1 de la Constitución» .

Sentencia del Tribunal Supremo, rec. 5086/2020, de 23 de junio, ECLI:ES:TS:2020:1878

«Pues bien, cuando se trata de ejecutar resoluciones judiciales estimatorias la normativa aplicable se contiene en la Ley de la jurisdicción, Ley 29/1998; ciertamente en esta no se distingue entre vicios materiales y vicios formales, ni establece diferenciación alguna entre reiteración de actos y retroacción de actuaciones, ni recoge la normativa que disciplina la ejecución de las resoluciones estimatorias recaídas en sede administrativa o económico administrativa, sin otra concesión que lo dispuesto en el art. 70 del Real Decreto 520/2005, que prevé la aplicación de dichas normas en lo que no se oponga a la regulación general de ejecución de sentencias.

(...)

Dictada, pues, una sentencia estimatoria que anula la liquidación impugnada, la ejecución de lo resuelto corresponde al juzgador conforme al fallo y al contenido de la propia sentencia, atendiendo a lo dispuesto en los arts. 103 y ss. de la LJCA y en seno de la propia tramitación de la ejecución de sentencia, debiéndose acudir a un cauce procedimental diferente sólo cuando el nuevo acto aborde cuestiones inéditas y distintas.

En aquellos extremos en los que nada se disponga en la resolución judicial y no se oponga a lo previsto en los arts. 103 y ss. de la LJCA, se aplicará lo dispuesto en los arts. 66 y ss. del Real Decreto 520/2005, interpretados por la jurisprudencia de este Tribunal.

Por tanto, en función del alcance del fallo y el contenido de la sentencia anulatoria, puede producirse diversas situaciones en la ejecución, tal y como se ha identificado en la jurisprudencia. Declarada la nulidad radical del acto de liquidación con efectos ex tunc comporta la ineficacia del acto, se equipara a su inexistencia, por lo que la ejecución se agota en la propia declaración, sin perjuicio, como se ha apuntado, de no haber prescrito el derecho de la Administración de girar nueva liquidación, con el límite visto. La anulación por motivos formales produce la retroacción de actuaciones, lo que conlleva que deba volverse al procedimiento para que en este se subsane el vicio formal, momento en el que debe de continuar el procedimiento dirigido a dictar la liquidación dentro del plazo que resta. La anulación total por motivos de fondo comporta el inicio de un nuevo procedimiento, de no haber prescrito el derecho de la Administración, limitándose la ejecución de la sentencia, como en la nulidad radical, a anular la liquidación. En el caso de la anulación parcial por motivos de fondo, la nueva liquidación se hace en ejecución de lo resuelto y ordenado por el Tribunal sentenciador, debiendo la nueva liquidación ajustarse a la misma, y resolviéndose las discrepancias en el mismo incidente de ejecución, excepto, como se ha indicado, que el nuevo acto abordara cuestiones inéditas y distintas, en que sería obligado seguir un cauce impugnatorio diferente e independiente»

Ejecución de sentencias sobre demoliciones urbanísticas

LECTURAS RECOMENDADAS

CHAVES GARCÍA, José Ramón: «Ejecución de sentencias de demolición tras el novedoso 108.3 LJCA», en el blog *delaJusticia.com*, 5 de octubre de 2015.

- «El Supremo ante el enredo de las garantías para ejecución de las demoliciones», en el blog delaJusticia.com, 2 de octubre de 2017.

GÓMEZ FERNÁNDEZ, Diego: «El Tribunal Supremo fija doctrina sobre el art. 108.3 LJCA», en el blog *Esdejusticia.com*, 26 de marzo de 2018.

- «Las demoliciones urbanísticas y los terceros de buena fe», en el blog Esdejusticia.com, 14 de junio de 2018.

- «Nuevo golpe de Supremo a los terceros de buena fe en las demoliciones urbanísticas», en el blog Esdejusticia.com, 9 de julio de 2018.

- «¿Quién debe identificar y emplazar a los terceros de buena fe del art. 108.3 LJCA?», en el blog Esdejusticia.com, 9 de noviembre de 2019.

- «Más sobre demoliciones urbanísticas y terceros de buena fe del artículo 108.3 LJCA», en el blog Esdejusitica.com, 14 de febrero de 2021.

A TENER EN CUENTA. El apartado tercero del artículo 108 de la LJCA fue introducido por la reforma operada por la Ley Orgánica 7/2015, de 21 de julio, por la que se modifica la Ley Orgánica 6/1985, de 1 de julio, del Poder Judicial. Entró en vigor el 01/10/2015. Esta novedad tuvo por objeto solventar el problema surgido a raíz de las dudas planteadas sobre la constitucionalidad de las leyes cántabra y gallega de vivienda, en tanto contemplaban un supuesto similar al previsto en el nuevo precepto, para evitar que los terceros adquirentes de buena fe de una vivienda afectada por una demolición urbanística pudiesen tener doble perjuicio: quedarse sin casa y sin indemnización. Los reproches de inconstitucionalidad de estas leyes derivan, fundamentalmente, de la regulación por la ley autonómica de materias que se consideran de competencia estatal. Lo anterior se refleja en las **SSTC 92/2013, de 22 de abril, ECLI:ES:TC:2013:92 y 82/2014, de 28 de mayo, ECLI:ES:TC:2014:82**:

«En este contexto procesal, dos son los reproches de inconstitucionalidad que, sucintamente expuestos, formula el órgano judicial frente a la disposición adicional sexta cuestionada. En primer lugar, que en ella se introduce una causa de suspensión de la ejecución judicial de las sentencias que llevan aparejada la demolición de obras declaradas ilegales, lo que vulneraría la competencia estatal exclusiva en materia de legislación procesal —art. 149.1.6 CE—; y, en segundo lugar, que la norma autonómica establece un supuesto de responsabilidad patrimonial en el que el daño indemnizable no es efectivo sino eventual, regulando así un elemento básico del sistema de responsabilidad patrimonial de las Administraciones públicas que le está constitucionalmente vedado por reservado al Estado a tenor de lo dispuesto en el artículo 149.1.18 de la CE».

El **artículo 108 de la LJCA, apartado tercero**, se refiere al supuesto de demolición de inmuebles cuya construcción infringe la normativa aplicable y la protección a terceros de buena fe que puedan verse afectados por tal ejecución, estableciendo:

Artículo 108.3 de la LJCA

«3. El juez o tribunal, en los casos en que, además de declarar contraria a la normativa la construcción de un inmueble, ordene motivadamente la demolición del mismo y la reposición a su estado originario de la realidad física alterada, exigirá, como condición previa a la demolición, y salvo que una situación de peligro inminente lo impidiera, la prestación de garantías suficientes para responder del pago de las indemnizaciones debidas a terceros de buena fe».

En relación con este precepto, la **sentencia del Tribunal Supremo n.º 1409/2017, de 21 de septiembre, ECLI:ES:TS:2017:3297**, establece que «el artículo 108.3 de la LRJCA supera el "principio de subrogación urbanística" en la forma en que se vino aplicando en la ejecución de demoliciones y reconoce en este campo protección al derecho de los propietarios terceros de buena fe afectados, el derecho a la indemnización debida constituye el contenido mínimo del derecho fundamental a la vivienda».

¿Constituye el artículo 108.3 de la LJCA un supuesto de inejecución de sentencia?

La novedad introducida por este precepto ha suscitado la duda sobre si se está ante un caso de imposibilidad o de suspensión de la ejecución de las sentencias. Para resolver esta cuestión deberá interpretarse conjuntamente este artículo 108.3 de la LJCA con los artículos **105.2 de la LJCA** y **24.1 de la CE** y partir de los siguientes postulados, señalados por la doctrina constitucional:

– Se considera que el derecho a la ejecución de sentencias constituye una manifestación del derecho a la tutela judicial efectiva del artículo 24.1 de la CE.

– La ejecución ha de efectuarse en los propios términos de la resolución.

– Solo cabe la inejecución concurriendo causa de imposibilidad legal o material en los términos del artículo 105.2 de la LJCA.

Se refleja lo anterior en la **sentencia del Tribunal Supremo n.º 1409/2017, de 21 de septiembre, ECLI:ES:TS:2017:3297**, que añade:

> «En este sentido debemos aclarar que a nuestro criterio, interpretar el nuevo artículo 108.3, considerando que constituye un supuesto de suspensión o inejecución de sentencia, haría que nos planteáramos y a su vez trasladáramos al Tribunal Constitucional, serias dudas, en el sentido de que la suspensión automática de la ejecución de una sentencia que entrañe la demolición de un inmueble, no resulta conforme ni compatible con el derecho a la tutela judicial efectiva, el cual se concreta en un derecho de contenido prestacional a que la sentencia sea llevada a su debido efecto y en sus propios términos».

La sentencia mencionada continúa diciendo que el artículo 108.3 de la LJCA no supone un caso de inejecución de sentencia en tanto no es un caso de imposibilidad legal o material de cumplimiento, sino que incorpora una medida coercitiva o ejecutiva que el juez o tribunal adoptará para lograr la efectividad del fallo en determinados casos.

> **JURISPRUDENCIA**
>
> **Sentencia del Tribunal Supremo n.º 1409/2017, de 21 de septiembre, ECLI:ES:TS:2017:3297**
>
> «El artículo 108.3 ni reforma el artículo 109, ni el 105, sino que introduce dentro de las medidas coercitivas o ejecutivas que puede adoptar el juez, en el seno de la ejecución forzosa (es decir, cuando el ejecutado no cumple voluntariamente, posibilidad que nadie excluye, incluida la prestación de garantías) de un fallo que impone una obligación de hacer, concretamente, cuando ese hacer es la demolición de inmuebles por declarar contraria a la normativa su construcción.
>
> (...) mientras el artículo 105 lo que prevé son supuestos de inejecución de sentencias por causas legales o materiales, el artículo 108.3 se sitúa en un momento posterior del proceso de ejecución, en cuanto se incluye en un precepto que recoge los poderes del juez para que la ejecución se lleve a efecto, con lo cual se convierte en una fase más de la ejecución, pero nunca en un impedimento, ni siquiera temporal para la ejecución de la sentencia.

> Consecuentemente se ha de entender que lo que hace la norma no es regular un obstáculo a la ejecución, sino añadir un deber de hacer en la ejecución de estos fallos. **Al deber de demoler, se une el de garantizar los perjuicios que puedan derivarse para los adquirentes de buena fe.** En caso de no hacerlo, el juez debe ocuparse de que así sea, adoptando medidas de coerción y exigiendo responsabilidades de todo tipo, hasta que se haya constituido la garantía, voluntariamente o de forma forzosa, esto es el juez deberá, dentro del mismo proceso de ejecución de la sentencia de demolición, ir resolviendo paralelamente sobre estas cuestiones, teniendo como objetivo final conseguir la restauración del orden jurídico alterado, finalidad conforme al interés público que el proceso demanda, sin perjuicio de la tutela de los intereses privados que puedan verse concernidos».

> «A mayor abundamiento, debemos concluir que el supuesto contemplado en el art. 108.3, no constituye ninguno de los dos supuestos regulados en el artículo 105, esto es, **no estamos ante imposibilidad ni material ni legal** de ejecutar la sentencia».

Las conclusiones de la doctrina jurisprudencial, a través de la **sentencia del Tribunal Supremo n.° 905/2018, de 1 de junio, ECLI:ES:TS:2018:2178**, son las siguientes:

- El artículo 108.3 de la LJCA no impide la ejecución de sentencias.

- Este precepto no constituye causa de inejecución de sentencias conforme a lo dispuesto en el artículo 105.2 de la LJCA.

- No supone una vulneración del derecho a la tutela judicial efectiva del artículo 24 de la CE.

‖ Ámbito objetivo del artículo 108.3 de la LJCA

El artículo 108.3 de la LJCA se refiere a sentencias específicas, como son las **sentencias urbanísticas** que declaran que un inmueble se ha construido contraviniendo la normativa aplicable, en cuyo caso ordenan la demolición del inmueble y su reposición al estado originario. En este sentido, entre otras, la **sentencia del Tribunal Supremo n.° 1321/2019, de 7 de octubre, ECLI:ES:TS:2019:3038**, señala:

> «(...) tales sentencias vienen a resolver aquellos litigios en los que **se cuestiona la regularidad urbanística de determinadas actuaciones**, que suponen la construcción de inmuebles contrariando la normativa y cuya regularización no resulta jurídicamente posible, lo que determina la demolición de lo construido.
> Ciertamente en esta materia urbanística pueden plantearse procesos complejos en los que se cuestione el reconocimiento de derechos de distinta naturaleza, pero el precepto se refiere a ese concreto tipo de procesos en los que se discute la acomodación al planeamiento de determinadas construcciones o instalaciones y más específicamente, aquellos casos en que las construcciones incurren en infracciones de tal entidad que impiden proceder a su regularización, de manera que el restablecimiento de la legalidad urbanística solo puede llevarse a efecto mediante la demolición de lo construido y reposición de la realidad física alterada.
> En consecuencia, el marco o ámbito en el que opera el procedimiento de ejecución de la correspondiente sentencia es la efectividad del derecho declarando la regularización de la legalidad urbanística, que ha constituido

el objeto de debate en el proceso declarativo y sobre el que se ha pronunciado el órgano jurisdiccional, con las garantías propias del procedimiento (con especial referencia al principio de contradicción procesal), y en el que, además, se propicia la intervención de quienes en el desarrollo del mismo puedan hacer valer derechos o intereses legítimos, que tienen igualmente la posibilidad de impugnar el resultado del proceso si se ha desconocido su derecho a ser parte en el mismo».

En cuanto al **objeto de protección** del precepto mencionado, cabe resaltar los siguientes aspectos que se han ido precisando jurisprudencialmente:

- No solo se refiere a derechos de propiedad, sino que puede extenderse también a otros derechos que, en su caso, pudiesen verse afectados por la demolición.

- Además de las viviendas que constituyen residencia habitual y los lugares donde se desarrolla una actividad profesional, también se extiende a todas las propiedades objeto de demolición, con independencia de su ocupación o destino.

- Se aplica tanto a edificaciones con licencia anulada como a las que no tenían licencia.

JURISPRUDENCIA

Sentencia del Tribunal Supremo n.º 868/2018, de 25 de mayo, ECLI:ES:TS:2018:2029

«Lo primero que cabe aclarar es que la condición de terceros de buena fe no puede predicarse exclusivamente de los titulares de edificaciones que constituyan su vivienda habitual o el lugar donde desarrollan su actividad profesional, dado que tal restricción supondría dejar fuera de la protección del precepto el grueso de los supuestos reales que suelen afectar a residencias vacacionales o segundas residencias».

Sentencia del Tribunal Supremo n.º 1321/2019, de 7 de octubre, ECLI:ES:TS:2019:3038

«(...) la construcción llevada a cabo sin la oportuna licencia constituye una grave infracción de la normativa urbanística que, cuando no sea susceptible de regularización, como es el caso que aquí se examina, determina que el restablecimiento de la legalidad urbanística ha de llevarse a efecto mediante la demolición de lo construido y reposición de la realidad física alterada, como ha declarado la sentencia objeto de la presente ejecución, lo que constituye un supuesto incluido en el ámbito de aplicación y la consiguiente exigencia de las garantías establecidas en el referido precepto.

A tal efecto y en contra de lo que se sostiene por el recurrente, ha de tenerse en cuenta que el **control administrativo sobre la regularidad de las actividades de edificación y uso del suelo** comprende tanto el aspecto positivo de acomodar las autorizaciones y licencias a la normativa urbanística como el negativo de impedir la realización de actuaciones al margen de las autorizadas o careciendo totalmente de la licencia exigible, de manera que el referido control administrativo puede cuestionarse tanto por acción, concesión de licencias ilegales, como por omisión, por no ejercer las facultades que el ordenamiento jurídico le reconoce frente a las actividades urbanísticas que no se sujetan al previo control administrativo. Así lo reconoce, implícitamente, la Administración recurrente, cuando trata de justificar su falta de actuación y paralización de las obras por las razones que expone».

‖ Ámbito subjetivo del artículo 108.3 de la LJCA

El ámbito subjetivo de la protección dispensada por el **artículo 108.3 de la LJCA** se extiende, de manera amplia, a **«los terceros de buena fe»** sin precisar, concretamente, qué ha de entenderse por tales.

En este sentido, la **sentencia del Tribunal Supremo n.º 905/2018, de 1 de junio, ECLI:ES:TS:2018:2178,** al hablar de la finalidad del precepto, concreta como destinatarios de la protección «a aquellas personas que disfrutan de buena fe una edificación y, con posterioridad, una sentencia judicial ha ordenado su demolición por considerarla ilegal, sin que, tuvieran conocimiento de la situación de ilegalidad en la que se encontraba dicha edificación».

Añade la misma sentencia que:

> «El artículo 108.3 no contempla pronunciamientos judiciales dirigidos a declarar la existencia de concretos terceros de buena fe, que hayan sufrido lesiones o daños que no tengan el deber de soportar y que, en consecuencia, deban de ser reparados en una determinada cuantía, pues lo que establece el precepto es que el órgano judicial, al margen de tales pronunciamientos, **exija la prestación de las garantías suficientes** para responder de su efectividad en la medida que puedan producirse.
>
> El precepto no introduce una fórmula o procedimiento para el reconocimiento de derechos de terceros de buena fe sino para garantizar que, cuando tal reconocimiento se produzca en la forma legalmente establecida, exista la garantía precisa para su efectividad».

Cabe concluir, por tanto, que el concepto «terceros de buena fe» no se circunscribe solo a terceros en los términos del artículo 34 de la Ley Hipotecaria; aunque sí ha de tratarse de terceros en el sentido de que sus pretensiones no se han podido hacer valer en el proceso de cuya ejecución se trata. Lo anterior se refleja en la **sentencia del Tribunal Supremo n.º 476/2018, de 21 de marzo, ECLI:ES:TS:2018:1139,** al establecer:

> «No se ocultan las dificultades que plantea la determinación del ámbito subjetivo al que se refiere el precepto, dados los escuetos términos en que se expresa, "terceros de buena fe", que no permiten una identificación precisa y concreta con carácter previo y al margen de las circunstancias de cada caso. No obstante, una interpretación sistemática del precepto, atendiendo a la finalidad perseguida, nos permite señalar o trazar el marco en el que ha de moverse el órgano judicial en su aplicación.
>
> Así, **en sentido positivo**, el precepto se refiere a terceros de buena fe que, en tal concepto, puedan resultar titulares de una indemnización debida, por lo que, teniendo en cuenta que hablar de indemnización debida implica, salvo excepciones, la buena fe del perjudicado, ha de entenderse que el ámbito subjetivo al que se refiere el precepto se identifica con los terceros de puedan resultar beneficiarios de una indemnización, es decir, que puedan invocar e instar el reconocimiento de su condición de perjudicados con derecho a indemnización, condición que, consiguientemen-

te, no puede circunscribirse a la de terceros adquirentes de buena fe protegidos por la fe pública registral sino que ha de extenderse a todos aquellos que puedan hacer valer un derecho a ser indemnizados en su condición de terceros perjudicados.

En sentido negativo, la condición de tercero implica que el título de imputación de la responsabilidad, que se trata de reparar mediante la indemnización debida, es ajeno y no ha sido ni ha podido ser objeto de examen y reconocimiento en el proceso de cuya ejecución se trata, pues en tal caso **(titulares de licencia, promotores...)** ha de estarse al ejercicio de su derecho en el proceso y a las declaraciones efectuadas al respecto de la sentencia, ya que el artículo 108.3 trata de proteger la situación de los perjudicados que, en su condición de terceros, no pueden hacer valer su derecho en el proceso declarativo, sin que suponga reabrir una vía de tutela de quienes, no teniendo la condición de terceros en el proceso, pudieron hacer valer sus derechos en el mismo».

|| Finalidad del artículo 108.3 de la LJCA

La finalidad del **artículo 108.3 de la LJCA** es **asegurar la efectividad del reconocimiento de las indemnizaciones** que, para el caso de demolición, se establezcan en favor de los terceros de buena fe. Así lo contempla la **sentencia del Tribunal Supremo n.º 54/2021, de 21 de enero, ECLI:ES:TS:2021:217**, cuando señala:

«En el mismo sentido y ya en relación con la segunda cuestión suscitada en el auto de admisión de este recurso, es la propia finalidad del precepto la que determina su contenido, según el cual, se exigirá, como **condición previa a la demolición**, y salvo que una situación de peligro inminente lo impidiera, la **prestación de garantías suficientes** para responder del pago de las indemnizaciones debidas a terceros de buena fe. Lo que se persigue es garantizar que el reconocimiento del derecho de terceros a las indemnizaciones debidas, que se lleve a cabo en el correspondiente procedimiento, podrá hacerse efectivo convenientemente. No se trata de supeditar la demolición a la previa declaración del derecho a la indemnización debida sino de asegurar que tales declaraciones, si se producen y cuando se produzcan, resulten efectivas, mediante la adopción por el juez o tribunal de las garantías suficientes, para responder del pago, que es el efecto propio de la declaración de la indemnización debida. En otras palabras, se asegura que, al margen de la efectividad y materialización del derecho a la regularización urbanística declarado en la sentencia que se ejecuta, resulte igualmente efectivo el reconocimiento del derecho de terceros a la correspondiente indemnización, que, aun no habiendo sido objeto del proceso, pueda ser reconocido en otro distinto y legalmente previsto al efecto.

No se trata de la tutela judicial propiciada a través de un pronunciamiento declarativo de derechos y condena a su efectividad sino de una actividad judicial garantista, asegurando que en su momento podrán hacerse efectivas indemnizaciones que resulten del procedimiento correspondiente».

CUESTIÓN

En caso de una edificación construida sin licencia, ¿el ayuntamiento debe prestar las garantías contempladas en el artículo 108.3 de la LJCA?

Sí, así lo dejo claro la referida sentencia del Tribunal Supremo n.º 54/2021, de 21 de enero, ECLI:ES:TS:2021:217, en los términos siguientes:

«Tal planteamiento resulta contrario a la interpretación del precepto que se ha mantenido por este Tribunal Supremo en las sentencias antes reproducidas, en un doble aspecto: en primer lugar, en cuanto viene a declarar que la Administración municipal no debe responder de los perjuicios que pudieran derivarse de la ejecución de la sentencia, y ello porque, como se ha señalado antes, quien deba responder de los mismos no es objeto de decisión en ejecución sino que ha de resolverse en el correspondiente proceso con las garantías legalmente establecidas. Las razones que invoca la Sala para adoptar su decisión, como son que la Administración nunca concedió licencia para el edificio y esa denegación de licencia fue confirmada reiteradamente en el ámbito de esta jurisdicción, podrán ser valoradas en el proceso correspondiente a efectos de determinar la exigencia de responsabilidad a la misma, pero no alteran el presupuesto de hecho en el que se funda la demolición, cual es la realización de obras sin licencia y el control que al respecto corresponde llevar a efecto por la Administración, cuyas actuaciones no impidieron que las obras se llevaran a efecto. A ello ha de añadirse que, en este caso además, la Administración, en ejecución de la sentencia y para salvar la demolición, otorgó licencia de obras que fue declarada ilegal por la propia Sala en auto de 11 de febrero de 2014, señalándose, entre otros argumentos, que: 'el Ayuntamiento no ha acreditado el interés público en la legalización; por el contrario, la Comunidad de Propietarios ha demostrado que el otorgamiento de las licencias de obras no ha tenido más finalidad que legalizar todo o construido' y que 'tanto el Ayuntamiento como las partes codemandadas se han empecinado en la legalización pura y dura del proyecto de 1984, sin tomar referencias con la realidad de lo construido ni con la legalidad vigente'. Es decir, que la demolición responde también a la nulidad de la licencia otorgada para propiciar la legalización de la obra».

Condición suspensiva a la demolición

La **demolición** declarada en sentencia firme como consecuencia de la construcción de un inmueble incumpliendo la normativa constituye, para los jueces y tribunales, una **obligación de velar por su cumplimiento** y, para los terceros de buena fe, una **garantía**.

Así pues, el artículo 108.3 de la LJCA consagra la exigencia de una **condición previa a la demolición** que actúa como mandato al juez o tribunal. Se trata de una condición suspensiva que supone el aplazamiento de la ejecución de la sentencia. El contenido de tal condición es la prestación de garantías suficientes para responder del pago de las indemnizaciones debidas a terceros de buena fe.

La jurisprudencia ha venido consolidando la doctrina aplicable en relación con esta condición y su procedimiento y, en este sentido, la **sentencia del Tribunal Supremo n.º 54/2021, de 21 de enero, ECLI:ES:TS:2021:217**, citando muchas otras anteriores, recoge las siguientes conclusiones:

- En primer lugar, para proceder a la demolición que se acuerde en la sentencia, han de haberse **constituido, previamente y de forma cautelar, las garantías** para responder a las eventuales indemnizaciones que pudiesen corresponder a los terceros de buena fe. La constitución de las mismas no supone el reconocimiento previo del derecho a la indemnización. Así, la demolición no exige que previamente se paguen las indemnizaciones a los terceros de buena fe, siendo suficiente, como se ha dicho, la constitución de las garantías.

— En cuanto a la exigencia de las garantías, han de ser valoradas, en su existencia y alcance, en el correspondiente **incidente de ejecución**.

— A pesar de que el precepto no establece **quién debe prestar las garantías**, se entiende que su constitución corresponde a la Administración, dada su función de control urbanístico mediante la concesión de licencias, autorizaciones, conformidades o aprobaciones; y, también, a terceros, como los promotores, atendiendo a los pronunciamientos de la sentencia que se ejecuta.

— Finalmente, señalar que entra en juego el artículo 108.3 de la LJCA si existe **procedimiento de responsabilidad patrimonial** para fijar indemnizaciones por ilegalidad urbanística, culminando con abono de las mismas. *A sensu contrario*, si no se han determinado ni abonado indemnizaciones, seguirá siendo necesario como condición previa a la demolición que se presten las garantías del artículo 108.3 de la LJCA.

> **JURISPRUDENCIA**
>
> **Sentencia del Tribunal Supremo n.º 54/2021, de 21 de enero, ECLI:ES:TS:2021:217**
>
> «De acuerdo con todo lo expuesto y rechazando la interpretación que mantiene la Administración recurrente, consideramos como interpretación más acertada del artículo 108.3, que la exigencia de la prestación de garantías suficientes para responder del pago de las indemnizaciones debidas a terceros de buena fe, a la que se refiere el precepto como condición previa a la demolición de un inmueble ordenada por un juez o tribunal, no precisa la tramitación de un procedimiento contradictorio ni requiere que tales indemnizaciones hayan sido fijadas como debidas en un procedimiento de responsabilidad patrimonial o en un incidente de ejecución de sentencia en el que se declare y reconozca el derecho del tercero y determine la cantidad líquida que resulte exigible por el mismo, sino que se configura como un trámite integrado en la ejecución de sentencia, que consiste en la adopción por el órgano jurisdiccional de las medidas de aseguramiento que resulten suficientes para responder del pago de las indemnizaciones que puedan reconocerse a terceros de buena fe al margen del proceso, medidas de aseguramiento que han de ser valoradas, en su existencia y alcance, por el órgano judicial atendiendo a los datos y elementos de juicio de que disponga y pueda recabar en el procedimiento, resolviéndose las controversias que puedan surgir al respecto, en el correspondiente incidente de ejecución de sentencia, como dispone el artículo 109.1 de la ley jurisdiccional. (SSTS 475 y 476/2018, ambas de 21 de marzo, RRCC 138 y 141/2017).
>
> (...)
>
> - Que cabe la exigencia de garantías suficientes a las que se refiere el precepto no sólo a la Administración sino también a terceros tales como los promotores de las obras a demoler, bien de forma aislada o de forma conjunta con la Administración, solidaria o subsidiariamente, atendiendo a los pronunciamientos de la sentencia que se ejecuta sobre su intervención en la situación cuya regulación urbanística se acuerda por el tribunal.

- Que la exigencia de tales garantías han de ser valoradas, en su posible existencia y alcance, por el órgano judicial atendiendo a los datos y elementos de juicio de que disponga y pueda recabar en el procedimiento, resolviéndose las controversias que puedan surgir al respecto, en el correspondiente incidente de ejecución de sentencia, como dispone el artículo 109.1 de la ley jurisdiccional.

- Que, no obstante, la prestación de la garantía prevista en el art. 108.3 a favor de los terceros de buena fe, no se condiciona a la determinación del carácter debido de las indemnizaciones estableciendo su importe, Administración responsable y los terceros de buena fe titulares del derecho a la indemnización, limitándose el órgano judicial de la ejecución a concretar, en cada caso, el concepto jurídico indeterminado "garantías suficientes", que no supone el reconocimiento del derecho a una indemnización y en una determinada cuantía, sino, únicamente, **su aseguramiento de manera cautelar y a resultas del correspondiente procedimiento** en el que, con las garantías procesales legalmente exigibles, se decida sobre la existencia y alcance de la responsabilidad».

Sentencia del Tribunal Supremo n.º 868/2018, de 25 de mayo, ECLI:ES:TS:2018:2029

«A mayor abundamiento, ninguna incompatibilidad se advierte entre el hecho de que la administración por mandato judicial, incluso por iniciativa propia, inicie un procedimiento de responsabilidad patrimonial para fijar las indemnizaciones derivadas de una ilegalidad urbanística, con la concreta aplicación del artículo 108.3 de la LJCA, dado que si dicho expediente culmina y se abonan las indemnizaciones fijadas en el mismo, resulta evidente que no será preciso el juego del precepto controvertido, dado que los derechos de los terceros afectados no necesitarán ser garantizados, al haber quedado previamente completamente satisfechos».

A TENER EN CUENTA. Además de las sentencias mencionadas al examinar el artículo 108.3 de la LJCA, resultan de especial relevancia otras como las siguientes:

- Sentencia del Tribunal Supremo n.º 475/2018, de 21 de marzo, ECLI:ES:TS:2018:1138

- Sentencia del Tribunal Supremo n.º 1020/2018, de 18 de junio, ECLI:ES:TS:2018:2529

- Sentencia del Tribunal Supremo n.º 1119/2018, de 2 de julio, ECLI:ES:TS:2018:2504

- Sentencia del Tribunal Supremo n.º 1191/2018, de 11 de julio, ECLI:ES:TS:2018:2970

- Sentencia del Tribunal Supremo n.º 1673/2018, de 27 de noviembre, ECLI:ES:TS:2018:4082

- Sentencia del Tribunal Supremo n.º 1749/2018, de 10 de diciembre, ECLI:ES:TS:2018:4376

- Sentencia del Tribunal Supremo n.º 62/2019, de 28 de enero, ECLI:ES:TS:2019:214

- Sentencia del Tribunal Supremo n.º 263/2019, de 28 de febrero, ECLI:ES:TS:2019:664

– **Sentencia del Tribunal Supremo n.º 460/2019, de 4 de abril, ECLI:ES:TS:2019:1133**

– **Sentencia del Tribunal Supremo n.º 1421/2019, de 23 de octubre, ECLI:ES:TS:2019:3414**

5.
CUESTIONES INCIDENTALES EN LA EJECUCIÓN DE SENTENCIAS EN EL ORDEN CONTENCIOSO

¿Cuáles son las cuestiones incidentales en la ejecución de sentencias contencioso-administrativas?

Dispone el **artículo 109 de la LJCA**:

«1. La Administración pública, las demás partes procesales y las personas afectadas por el fallo, mientras no conste en autos la total ejecución de la sentencia, podrán promover incidente para decidir, sin contrariar el contenido del fallo, cuantas cuestiones se planteen en la ejecución y especialmente las siguientes:

a) Órgano administrativo que ha de responsabilizarse de realizar las actuaciones.

b) Plazo máximo para su cumplimiento, en atención a las circunstancias que concurran.

c) Medios con que ha de llevarse a efecto y procedimiento a seguir.

2. Del escrito planteando la cuestión incidental el letrado de la Administración de Justicia dará traslado a las partes para que, en plazo común que no excederá de veinte días, aleguen lo que estimen procedente.

3. Evacuado el traslado o transcurrido el plazo a que se refiere el apartado anterior, el juez o tribunal dictará auto, en el plazo de diez días, decidiendo la cuestión planteada».

El procedimiento contemplado en el citado artículo, respecto a las cuestiones incidentales, consiste en un trámite simple y rápido para una ejecución sin dilaciones y en el que permite, además, la práctica de la prueba como así lo indica la jurisprudencia, a título de ejemplo citar la **sentencia del Tribunal Supremo, rec. 808/2005, de 25 de septiembre, ECLI:ES:TS:2007:6231**, cuando dice «(...) Obviamente, el período probatorio sería también viable en este incidente».

En relación con el procedimiento del artículo 109 de la LJCA, la **sentencia del Tribunal Supremo n.º 1900/2017, de 4 de diciembre, ECLI:ES:TS:2017:4222**, establece:

«Al margen de las amplias facultades que la LRJCA concede en su artículo 108 al Juez o Tribunal para proceder a la ejecución de la sentencias firmes, y con la finalidad de obligar a la Administración a realizar una determinada actividad o dictar un acto, el citado texto legal de 1998 contempla y establece un **procedimiento a través del cual han de plantearse y resolverse todas las cuestiones que se susciten en el desarrollo de la ejecución de las sentencias;** esto es, el legislador deja establecido un marco procesal, **obviamente incidental,** en el que han de resolverse todas las cuestiones, de la más diversa índole, que pudieran plantearse en el intento de llevar el contenido del fallo "a puro y debido efecto"».

Asimismo, hace alusión, esta y otras muchas sentencias, a distintos aspectos del mismo.

Por lo que se refiere al **objeto** del expresado procedimiento incidental, recuerda la **sentencia del Tribunal Superior de Justicia de Madrid n.º 320/2023, de 3 de mayo, ECLI:ES:TSJM:2023:5678,** con cita a la referida **STS n.º 1900/2017, de 4 de diciembre, ECLI:ES:TS:2017:4222,** que cuenta con **una gran amplitud,** al señalarse expresamente que puede estar constituido por «cuantas cuestiones se planteen en la ejecución».

Si bien, el referido artículo 109.1 de la LJCA cita a título de ejemplo alguna de las cuestiones que pueden plantearse, no señala los objetos o contenidos de este procedimiento incidental como un *numerus clausus*, al referirse a ellos. Por tanto, tal amplitud del mencionado ámbito procedimental permite que el presente incidente pueda ser utilizado en determinados supuestos contemplados por la propia LJCA y directamente relacionados con la ejecución de las sentencias.

No obstante, lo dispuesto en los párrafos anteriores **no supone que toda cuestión conlleve necesariamente la apertura de este incidente procesal, sino solo cuando el juez estime que es necesario.** Lo será, por tanto, en los tres supuestos enumerados por el legislador, pero en los demás puede que no sea necesario la tramitación del referido artículo 109 de la LJCA (**sentencia del Tribunal Superior de Justicia de Cantabria n.º 15/2017, de 20 de enero, ECLI:ES:TSJCANT:2017:575**).

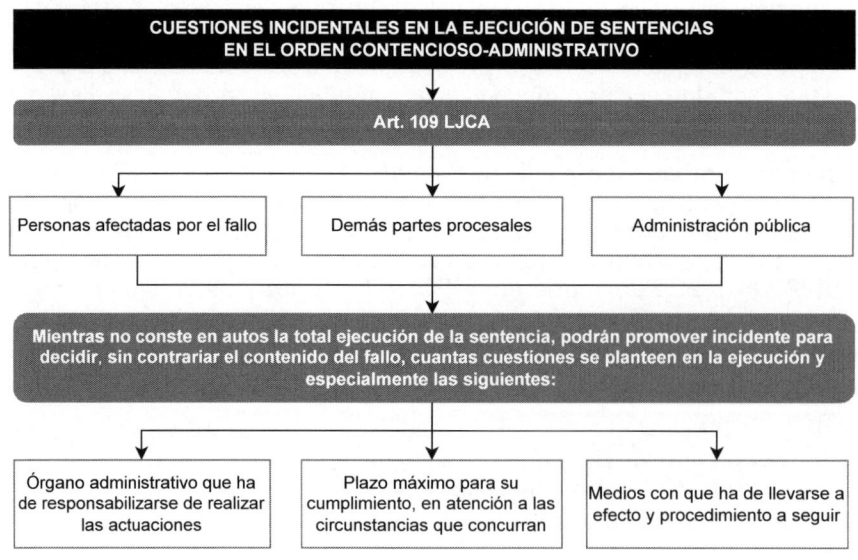

Para el planteamiento de las **cuestiones incidentales** que reconoce el artículo 109 de la LJCA hay que acudir al **artículo 137 de la LJCA**, que parte de la premisa de que **todas las cuestiones incidentales suscitadas durante el proceso se deben sustanciar en pieza separada y no suspenden el curso de los autos**.

Sobre este particular es interesante traer a colación la **sentencia del Tribunal Supremo, rec. 1337/2006, de 24 de junio de 2009, ECLI:ES:TS:2009:4369**, que apunta que, **la cuestión incidental supone una alteración procesal, una crisis objetiva o «cuestión accesoria que tiene su origen dentro del juicio»** y, por tanto, una cuestión que, si no es puramente procesal, ha de guardar con la pretensión deducida una relación de tal naturaleza que, sin haber de inferirse de la sentencia, derive directamente del acto impugnado.

CUESTIONES

1. ¿Qué diferencia existe entre las cuestiones incidentales que se contemplan en el artículo 109 de la LJCA respecto a la ejecución en el proceso civil?

Los tribunales han venido marcando una interpretación acerca de las cuestiones incidentales que se contemplan en el artículo 109 de la LJCA, así como la diferenciación que ha de apreciarse respecto a la ejecución en el proceso civil.

En este sentido, la sentencia del Tribunal Supremo, rec. 4915/2008, de 18 de noviembre de 2009, ECLI:ES:TS:2009:7444, señala que en el proceso civil la ejecución se produce siempre a instancia de parte, mediante demanda, nunca de oficio, siendo, por tanto, en el proceso civil voluntaria. En el proceso contencioso-administrativo, por el contrario, la ejecución es siempre necesaria, siendo el propio órgano jurisdiccional el que da inicio a la ejecución, mediante la comunicación de la sentencia firme al órgano administrativo, que tiene que proceder a su estricto cumplimiento en el plazo de dos meses establecido en el artículo 104.2 de la ley jurisdiccional.

2. ¿En qué momento comienza la ejecución?

Transcurrido el plazo de ejecución voluntaria, y mientras no conste en autos la total ejecución de la sentencia, cualquiera de las partes y personas afectadas puede promover un incidente para decidir, sin contrariar el contenido del fallo, cuantas cuestiones se planteen en la ejecución, como dispone el mencionado art. 109 de la LJCA.

De lo anterior puede deducirse, tal y como establece la mencionada sentencia del Tribunal Supremo, rec. 4915/2008, de 18 de noviembre de 2009, ECLI:ES:TS:2009:7444, que la ejecución empieza en ese momento, en el que finaliza el plazo de ejecución voluntaria, pues durante este plazo, el juzgado o tribunal no se desvincula totalmente de la ejecución de la sentencia, toda vez que la ley jurisdiccional veta que pueda instarse, durante tal período temporal, la ejecución forzosa.

3. Además de abrir un incidente en la ejecución de la sentencia, ¿existe alguna otra vía de impugnación de actos y disposiciones dictadas en ejecución de una sentencia firme que, a su vez, había declarado la nulidad, en todo o en parte, de un acto o disposición general anterior?

Sí, existe una doble vía, de un lado, el cauce procesal que permite, al amparo del artículo 109 de la LJCA, abrir un incidente en la ejecución de la sentencia. Y, de otro, se encuentra el cauce procesal general que faculta para interponer un recurso contencioso-administrativo independiente al amparo del artículo 45 del mismo texto legal.

En el primer caso se comprenden todas aquellas incidencias de la LJCA que regulan la desviación de poder en el momento de la ejecución, que tienen por objeto determinar o comprobar que el nuevo acto o disposición se ajusta y cumple con lo ordenado y dispuesto por una sentencia firme. Se pretende, por tanto, salvaguardar la inmutabilidad de la sentencia, la exactitud de su cumplimiento, garantizando la exacta correlación entre lo resuelto en el fallo y lo ejecutado en cumplimiento del mismo. En el caso del recurso contencioso-administrativo, los requisitos son menos estrictos, pues se puede alegar cualquier infracción normativa que ponga de manifiesto que dicho acto o disposición vulnera el ordenamiento jurídico. Con respecto a esta cuestión es interesante la lectura de la **sentencia del Tribunal Supremo, rec. 2134/2012, de 8 de febrero de 2013, ECLI:ES:TS:2013:479** y, con referencia a la anterior, de la **sentencia del Tribunal Superior de Justicia de Canarias n.° 46/2023, de 26 de enero, ECLI:ES:TSJICAN:2023:414.**

4. ¿Qué ocurre en el caso de que la sentencia deje la cuantificación de una indemnización para la fase de ejecución?

Una vez promovido el incidente de ejecución, el auto que lo resuelva debe fijar el importe de la indemnización, decidiendo así sobre la cuestión planteada de acuerdo con el artículo 109.3 de la LJCA. Y si el material probatorio que se hubiera aportado hasta ese momento no lo permite, la sala de instancia habrá de recabar las aclaraciones o informes complementarios que estime necesarios, dejando entre tanto en suspenso la resolución del incidente. Lo que no cabe es resolver el incidente de forma aparente y provisional, dejando pendiente *sine die* la efectiva decisión de la cuestión planteada. Así lo prevé la **STS, rec. 4932/2007, de 22 de junio de 2009, ECLI:ES:TS:2009:4305.**

«En efecto, la Sala de instancia no se limita a desestimar una concreta pretensión indemnizatoria, pues explica que no cabe acceder a ella por carecer de una prueba pericial que le sirva de respaldo pero, al mismo tiempo, deja señalados los elementos y el método operativo que habría de seguirse para fijar la indemnización y, en definitiva, para la correcta ejecución de la sentencia. Pues bien, si la Sala de instancia dispone de esos datos y criterios de valoración, su decisión no debe consistir en negar la cuantía indemnizatoria reclamada y dejar abierto, sin limitación temporal alguna, el debate incidental.

Si la sentencia dejó la cuantificación de la indemnización para la fase de ejecución, una vez que fue promovido el incidente de ejecución el auto que lo resuelve debe fijar ya el importe indemnizatorio, decidiendo así la cuestión planteada (artículo 109.3 de la Ley reguladora de esta Jurisdicción). Y si el material probatorio aportado hasta ese momento no lo permite, la Sala de instancia habrá de recabar las aclaraciones o informes complementarios que estime necesarios, dejando entre tanto en suspenso la resolución del incidente. Lo que no cabe es resolver éste de forma aparente y provisional, dejando pendiente sine die la efectiva decisión de la cuestión planteada».

¿Quién está legitimado para promover el incidente?

El artículo 109.1 de la LJCA contiene referencia expresa en cuanto a la legitimación para promover el incidente a la Administración pública, las demás partes procesales y las personas afectadas por el fallo, iniciativa que está a su vez sometida a una doble condición:

- De un lado, que no conste en autos la total ejecución de la sentencia.
- De otro lado, que la decisión del incidente no contraríe el contenido del fallo.

En este sentido se ha venido pronunciando la jurisprudencia, así, a título de ejemplo, cabe citar la **sentencia del Tribunal Superior de Justicia del País Vasco n.° 10/2022, de 12 de enero, ECLI:ES:TSJPV:2022:121**, que, con referencia a la **sentencia del Tribunal Supremo, rec. 808/2005, de 25 de septiembre, ECLI:ES:TS:2007:6231**, establece:

> «1°. En primer término, y por lo que hace referencia a la legitimación para el inicio del procedimiento, se observa como el legislador ha ampliado considerablemente estas posibilidades, pues, en el artículo 109.1, expresamente se refiere a "la Administración pública , las demás partes procesales y las personas afectadas por el fallo" como la que se encuentra habilitadas para promover el mencionado incidente con la amplia finalidad de "decidir, sin contrariar el contenido del fallo, cuantas cuestiones se planteen en la ejecución" de la sentencias. En consecuencia, desde una perspectiva subjetiva, el legislador reitera la expresión "personas afectadas" -también utilizada en el 104.2, del mismo testo legal-, y, desde un punto de vista material, el ámbito procedimental cuenta con un doble parámetro de control : el uno, de carácter temporal ("mientras no conste en autos la total ejecución de la sentencia"), y, el otro, de carácter objetivo ("sin contrariar el contenido del fallo")».

Respecto a la legitimación para promover el incidente y el hecho de que recaiga en las personas afectadas, es decir, aquellas que se han visto perjudicadas o dañadas a causa del procedimiento y consecuente fallo, la propia jurisprudencia ha precisado que, para intervenir en el proceso de ejecución como parte activa, no es necesario que se haya sido parte en el proceso de conocimiento, sino que basta con que **sea titular de un interés legítimo en la ejecución**. En este sentido se pronuncia la **sentencia del Tribunal Supremo n.° 2036/2017, de 20 de diciembre, ECLI:ES:TS:2017:4642**.

> «La legitimación de los afectados, lo dice con toda claridad el artículo 104.2 de la LJ , a cuyo tenor, ‹transcurridos dos meses a partir de la comunicación de la sentencia o el plazo fijado en ésta para el cumplimiento del fallo conforme al artículo 71.1.C), cualquiera de las partes y personas afectadas podrá instar su ejecución forzosa›. Lo vuelve a decir, con igual claridad, el artículo 109.1 de la LJ , en el que se dispone que ‹la Administración pública, las demás partes procesales y las personas afectadas por el fallo, mientras no conste en autos la total ejecución de la sentencia, podrán promover incidente para decidir, sin contrariar el contenido del fallo, cuantas cuestiones se planteen en la ejecución ...›. Y lo dice la propia jurisprudencia, que ha precisado que para intervenir en el proceso de ejecución como parte activa no es menester que se haya sido parte en el proceso de conocimiento, sino que basta con que se sea titular de un interés legítimo en la ejecución (...)».

JURISPRUDENCIA

Sentencia del Tribunal Supremo n.° 597/2022, de 19 de mayo, ECLI:ES:TS:2022:1901

Concepto de persona afectada a los efectos de legitimación en el incidente.

«CUARTO.- El marco normativo legal para la decisión a adoptar sobre la posibilidad de que quien no ha intervenido como parte en un proceso jurisdiccional pueda tener o no legitimación para instar la ejecución de la sentencia dictada en ese proceso como 'persona afectada', es el previsto en los artículos 72, 104.2 y 109.1 de la LRJCA, (...).

Como se dice en sentencia de esta Sala de 20 de diciembre de 2017 (ROJ: STS 4642/2017-ECLI:ES:TS:2017:4642), dictada en el recurso de casación 3105/2016, la interpretación de esos preceptos legales fue realizada por la sentencia dictada por el Pleno de la Sala Tercera del Tribunal Supremo de 7 de junio de 2005 (ROJ: STS 3614/2005-ECLI:ES:TS:2005:3614) en el recurso de casación 2492/2003, de cuyos fundamentos de Derecho décimo y decimotercero se extrae lo siguiente:

1º.- Que las normas que hemos de interpretar emplean un verbo, afectar, cuyo significado en nuestra lengua no es otro, en la acepción que aquí interesa, que el de menoscabar, perjudicar o dañar.

2º.- Que, ninguna de esas normas, añaden ningún otro requisito o presupuesto a la exigencia de que la persona esté afectada; en concreto, no añaden el requisito o presupuesto de que la persona afectada no hubiera podido ser parte en el proceso declarativo o de conocimiento.

3º.- Que la restricción reconocida en nuestro ordenamiento jurídico para que una 'persona afectada' deba ser tenida como tal a los efectos de instar la ejecución es la que deriva de las normas contenidas en los números 1 y 2 del artículo 11 de la Ley Orgánica del Poder Judicial, esto es: de la que exige que en todo tipo de procedimiento se respeten las reglas de la buena fe (número 1); y de la que ordena a los Juzgados y Tribunales que rechacen fundadamente las peticiones, incidentes y excepciones que se formulen con manifiesto abuso de Derecho o entrañen fraude de ley o procesal (número 2).

4º.- Que el único límite temporal que imponen los preceptos que estamos analizando para que quepa la actuación procesal de las personas afectadas es el que menciona el artículo 109.1, esto es, ' mientras no conste en autos la total ejecución de la sentencia'; lo cual conduce a entender -y sólo en este sentido analizamos aquí la expresión entrecomillada- que la actuación procesal de las personas afectadas cabe aunque ya antes se hubiera iniciado, sin su presencia, la fase de ejecución de la sentencia.

5º.- Que el espíritu que animó al legislador de 1998, cuando redactó las normas reguladoras de la ejecución de sentencias en este orden jurisdiccional contencioso-administrativo, no fue uno que pida interpretaciones restrictivas de esas normas, sino uno favorable, al menos, a su interpretación declarativa, esto es, a una interpretación que les otorgue un significado no menor que el propio de las palabras con que se expresan; buena prueba de ello es el inicio y final del párrafo primero del punto 3 del apartado VI de la exposición de motivos de la LJ, en donde se lee lo siguiente: 'La Ley ha realizado un importante esfuerzo para incrementar las garantías de ejecución de las sentencias ... La negativa, expresa o implícita, a cumplir una resolución judicial constituye un atentado a la Constitución frente al que no caben excusas'.

6º.- Que el ámbito subjetivo de las ‹personas afectadas› a las que se refieren aquellos artículos 104.2 y 109.1 de la LJCA no se identifica con el de las ‹otras› personas ni con el de los ‹recurrentes afectados› a que se refieren, respectivamente, los artículos 110 y 111 de la LJCA. Ello porque lo que está específica y singularmente contemplando el artículo 110 es la posible extensión de efectos de una sentencia en el punto o extremo en que reconoce una situación jurídica individualizada; y, lo que contempla el artículo 111 es la posible extensión del pronunciamiento alcanzado en un recurso contencioso-administrativo que se tomó como 'testigo' o como 'modelo' a otros que por tener idéntico objeto y para facilitar la gestión de la oficina judicial vieron suspendida su tramitación a la espera de aquel pronunciamiento.

> 7º.- En conclusión, 'hemos de entender por ‹personas afectadas› aquéllas que puedan ver menoscabados o perjudicados sus derechos o sus intereses legítimos por efecto de la ejecución o de la inejecución de la sentencia'».

Si bien, cuando se trata de declarar la imposibilidad de ejecutar una sentencia, la legitimación es restrictiva. Al respecto, la **STS, rec. 7639/2005, de 7 de julio de 2008, ECLI:ES:TS:2008:3882,** apunta que «(...) nuestra jurisprudencia se ha manifestado tradicionalmente más restrictiva cuando el interesado en la inejecución del fallo es el particular a quien perjudica. Así, este Alto Tribunal ha señalado que **el incidente para declarar la imposibilidad material o legal de ejecutar una sentencia no puede ser promovido en vía jurisdiccional por los particulares personados en las actuaciones**». Continúa la sentencia, aclarando que la consecuencia del anterior criterio es que el particular o las corporaciones, que no tengan condición de Administración condenada, deben solicitar la declaración de imposibilidad de ejecución de la correspondiente Administración e interponer contra ella recurso contencioso-administrativo, si la petición se resuelve desfavorablemente, «(...) esta es la posición adoptada, en ocasiones, por este Alto Tribunal, **que admite la facultad de los particulares (o de las corporaciones que actúan como particulares) personados en las actuaciones de solicitar de la correspondiente Administración dicha declaración de imposibilidad de ejecución de la sentencia pronunciada y de interponer después contra la resolución, expresa o tácita, los oportunos recursos en la vía administrativa y en la judicial** (...)».

En relación con lo anterior también resulta interesante la **sentencia del Tribunal Superior de Justicia de Canarias n.º 303/2022, de 27 de octubre, ECLI:ES:TSJICAN:2022:3540.**

> **CUESTIÓN**
>
> **¿Cabe diferenciar entre el interés para ser parte procesal y el interés para, como persona afectada, iniciar la ejecución de una sentencia dictada en un proceso donde no se ha sido parte?**
>
> Sí. Para dar respuesta a esta cuestión resulta interesante la **sentencia del Tribunal Supremo n.º 597/2022, de 19 de mayo, ECLI:ES:TS:2022:1901,** conforme a la cual «(...) la denegación de legitimación activa a una persona respecto a un proceso finalizado por sentencia firme de fondo no conlleva necesariamente la denegación de legitimación activa para promover un incidente de ejecución de la referida sentencia, cuando el fundamento de la legitimación para el incidente es el modo en que la ejecución del fallo afecta a sus intereses, pese a no haber sido parte en el proceso en que recayó la sentencia que se ejecuta».

Límites de las cuestiones incidentales de ejecución

> **LECTURAS RECOMENDADAS**
>
> GONZÁLEZ-VARAS IBÁÑEZ, Santiago: «Límites y opciones de los incidentes en la fase de ejecución de sentencias (en torno al artículo 109 de la LJCA)», en el blog *administraciónpública.com*, 14 de agosto de 2018.

En cuanto a los **límites de las cuestiones incidentales**, se puede destacar lo siguiente:

a) Medidas dictadas en un incidente de ejecución que van más allá de lo que es la ejecución estricta.

En este sentido, la **sentencia del Tribunal Superior de Justicia de Canarias n.º 346/2022, de 21 de junio, ECLI:ES:TSJICAN:2022:4485**, recordando, entre otras, la **sentencia del Tribunal Supremo, rec. 5385/1992, de 18 de mayo de 1998, ECLI:ES:TS:1998:3175**, dispone que:

> «(...) Efectivamente, si en el seno de un incidente de ejecución se dictan medidas de ejecución, como es el caso, que se considera que van más allá de lo que es ejecución estricta, **ha de ser el Órgano Jurisdiccional que ejecuta la resolución quien las deje sin efecto, pues tales extralimitaciones han de ser atribuidas al Órgano Jurisdiccional, que es quien ejecuta la Sentencia,** y no al ente administrativo, que en el proceso de ejecución se limita a acordar lo que el órgano Jurisdiccional ordena. En consecuencia, en el ámbito del proceso de ejecución los actos que se dicten, están bajo el control del Órgano Jurisdiccional que ejecuta la resolución objeto de ejecución. Otra cosa es que la resolución en cuestión, dictada formalmente en un proceso de ejecución, sea materialmente ajena a él. En esta hipótesis, ha de ser también el Órgano Jurisdiccional ejecutante quien desvincule tal decisión del incidente de ejecución, y producida la desvinculación formal del proceso de ejecución, se abre el cauce de impugnación ordinario de la resolución controvertida (...)».

b) En el incidente de ejecución no pueden abordarse cuestiones ajenas al fallo.

En el incidente de ejecución no pueden resolverse cuestiones que no se hayan abordado ni decidido en el fallo o con las que este no guarde una directa e inmediata relación de causalidad, pues de lo contrario se lesionarían los derechos de la otra parte al prescindirse del debate y la contradicción inherentes a todo litigio. Véase el **ATS, rec. 5/1994, de 30 de junio de 1998, ECLI:ES:TS:1998:1710A.**

CUESTIÓN

En una sentencia se declaró el derecho de «A» a percibir la cantidad equivalente a la totalidad de las retribuciones que hubiera percibido como magistrado del Tribunal Supremo en activo, cantidad que cobró el 7 de marzo de 2008. Una vez «A» cobró la referida cantidad, solicita que se ordene a la Administración el abono de los intereses legales correspondientes desde la interposición de la demanda hasta el efectivo pago de la cantidad, y todo ello con la revalorización al momento actual del importe de la condena. ¿Podrá formular su pretensión a través de un incidente de ejecución?

No, pues en el incidente de ejecución de sentencia lo único atendible para acceder a lo solicitado por las partes es el contenido de lo resuelto en la sentencia que se trata de ejecutar, cuyo infranqueable límite impide considerar la posibilidad de otorgar en vía de ejecución lo que no había sido otorgado en la sentencia, principio que hace inviable la petición de «A» con respecto a los intereses legales, pues este aspecto no había sido contemplado en el fallo de la sentencia que ha de ejecutarse, ni tampoco se había traído a colación en ninguna parte de la sentencia. **Auto del Tribunal Supremo, rec. 225/1987, de 25 de noviembre de 1999, ECLI:ES:TS:1999:2109A.**

6.
EJECUCIÓN DE SENTENCIAS EN MATERIA TRIBUTARIA, DE PERSONAL AL SERVICIO DE LA ADMINISTRACIÓN PÚBLICA Y DE UNIDAD DE MERCADO

LECTURAS RECOMENDADAS

CHAVES GARCÍA, José Ramón: «El Supremo habla alto y claro de la extensión de efectos», en el blog *delaJusticia.com*, de 17 de marzo de 2016.

DE DIEGO DÍEZ, L. Alfredo: *Extensión de efectos y pleito testigo en la jurisdicción administrativa*, Civitas, Cizur Menor (Navarra), 2016.

Regulación de la ejecución de sentencias en materia tributaria, de personal al servicio de la Administración pública y de unidad de mercado

De acuerdo con el **artículo 110 de la LJCA**:

«1. En materia tributaria, de personal al servicio de la Administración pública y de unidad de mercado, los efectos de una sentencia firme que hubiera reconocido una situación jurídica individualizada a favor de una o varias personas podrán extenderse a otras, en ejecución de la sentencia, cuando concurran las siguientes circunstancias:

a) Que los interesados se encuentren en idéntica situación jurídica que los favorecidos por el fallo.

b) Que el juez o tribunal sentenciador fuera también competente, por razón del territorio, para conocer de sus pretensiones de reconocimiento de dicha situación individualizada.

c) Que soliciten la extensión de los efectos de la sentencia en el **plazo de un año desde la última notificación** de esta a quienes fueron parte en el proceso. Si se hubiere interpuesto recurso en interés de ley o de revisión, este plazo se contará desde la última notificación de la resolución que ponga fin a este.

2. La solicitud deberá dirigirse directamente al órgano jurisdiccional competente que hubiera dictado la resolución de la que se pretende que se extiendan los efectos.

3. La petición al órgano jurisdiccional se formulará en escrito razonado al que deberá acompañarse el documento o documentos que acrediten la identidad de situaciones o la no concurrencia de alguna de las circunstancias del apartado 5 de este artículo.

4. Antes de resolver, en los veinte días siguientes, el letrado de la Administración de Justicia recabará de la Administración los antecedentes que estime oportunos y, en todo caso, un informe detallado sobre la viabilidad de la extensión solicitada, poniendo de manifiesto el resultado de esas actuaciones a las partes para que aleguen por plazo común de cinco días, con emplazamiento en su caso de los interesados directamente afectados por los efectos de la extensión. Una vez evacuado el trámite, el juez o tribunal resolverá sin más por medio de auto, en el que no podrá reconocerse una situación jurídica distinta a la definida en la sentencia firme de que se trate.

5. El incidente se desestimará, en todo caso, cuando concurra alguna de las siguientes circunstancias:

a) Si existiera cosa juzgada.

b) Cuando la doctrina determinante del fallo cuya extensión se postule fuere contraria a la jurisprudencia del Tribunal Supremo o a la doctrina sentada por los Tribunales Superiores de Justicia en el recurso a que se refiere el artículo 99.

c) Si para el interesado se hubiere dictado resolución que, habiendo causado estado en vía administrativa, fuere consentida y firme por no haber promovido recurso contencioso-administrativo.

6. Si se encuentra pendiente un recurso de revisión o un recurso de casación en interés de la ley, quedará en suspenso la decisión del incidente hasta que se resuelva el citado recurso.

7. El régimen de recurso del auto dictado se ajustará a las reglas generales previstas en el artículo 80».

A TENER EN CUENTA. El artículo 110.1 letra c) de la LJCA alude al recurso en interés de la ley que en su regulación contenida en la LEC (arts. 490 a 493) ha sido suprimido por el Real Decreto-ley 5/2023, de 28 de junio, con efectos a partir del 29 de julio de 2023. Asimismo, el artículo 99 de la LJCA, al que hace referencia el artículo 110, apartado 5, en su letra b), se derogó en 2016, con la entrada en vigor de la LO 7/2015, de 21 de julio, que vino a modificar la LOPJ.

Se vincula la regulación establecida en este artículo —en cuanto a la extensión de efectos— al **artículo 72, apartado 3, de la LJCA** que dispone:

«La estimación de pretensiones de reconocimiento o restablecimiento de una situación jurídica individualizada solo producirá efectos entre las partes. No obstante, tales efectos podrán extenderse a terceros en los términos previstos en los artículos 110 y 111».

CUESTIÓN

A los efectos de la extensión de efectos, ¿qué se entiende por sentencia dictada en materia tributaria?

En este sentido resulta interesante lo previsto en la **sentencia del Tribunal Supremo n.º 1306/2022, de 14 de octubre, ECLI:ES:TS:2022:3741**, conforme a la cual:

«De conformidad con el artículo 93.1 LJCA, en función de lo razonado precedentemente, procede declarar lo siguiente:

"A efectos del procedimiento de extensión de efectos del art. 110 LJCA, ha de interpretarse que, una sentencia se entiende dictada "en materia tributaria", cuando tenga por objeto la revisión de un acto administrativo de naturaleza tributaria, con independencia de la naturaleza, especial o no, del procedimiento contencioso-administrativo en que haya sido pronunciada."».

En cuanto a la **naturaleza jurídica del procedimiento** configurado en el artículo 110 de la LJCA, establecía el **auto del Tribunal Supremo, rec. 72/1999, de 30 de diciembre de 2005, ECLI:ES:TS:2005:18498A**, que «La naturaleza jurídica del procedimiento configurado en el art. 110 de la LJCA, según las aportaciones doctrinales más caracterizadas, es la de considerarlo como un **procedimiento incidental de carácter declarativo, no sumario, dentro de la fase de ejecución o como un proceso especial**, cuya sustanciación se confía al trámite de los incidentes de ejecución».

Más recientemente la jurisprudencia viene señalando, en cuanto a la naturaleza y el limitado ámbito de enjuiciamiento que corresponde al citado mecanismo procesal que:

«No se trata de una vía para enjuiciar de nuevo la controversia de fondo ya decidida por la sentencia firme cuya extensión se solicita; sino tan sólo de un **incidente procesal** que, a los efectos de dar satisfacción a esos dos derechos fundamentales antes mencionados, tiene **como único objeto constatar que la situación del solicitante de la extensión de efectos es idéntica a la de las personas que fueron litigantes en el proceso principal donde fue dictada la sentencia firme cuya extensión de efectos es reclamada**».

En este sentido cabe citar, a título de ejemplo, las siguientes sentencias: **STS n.º 810/2020, de 18 de junio, ECLI:ES:TS:2020:1930; STS n.º 1083/2020, de 23 de julio, ECLI:ES:TS:2020:2714; STSJ de Madrid n.º 810/2023, de 4 de diciembre, ECLI:ES:TSJM:2023:13727**.

Asimismo, y pese a que la mayor parte de la jurisprudencia considera que la extensión de efectos de una sentencia tiene carácter incidental, hay algunos pronunciamientos contrarios a esta postura, si bien, son muy escasos. Un ejemplo lo encontramos en el voto particular de la **sentencia del Tribunal Superior de Justicia de Madrid n.º 1720/2006, de 22 de diciembre, ECLI:ES:TSJM:2006:19826**, que en su voto particular expone lo que sigue:

«La posibilidad anunciada parte de que en el muy especial trámite ante el que nos encontramos no existe, en puridad, una ejecución de sentencia. Se trata sencillamente de que el legislador, obligado por la doctrina constitucional que con anterioridad había legitimado la intervención de un tercero en la ejecución de una sentencia ajena, articuló la extensión de los efectos consecuencia de dicha doctrina en el seno del procedimiento de ejecución de sentencias pero comprendiendo, y esto es lo realmente singular en dicho procedimiento, una fase declarativa de derechos que es la que se pronuncia sobre los requisitos tanto de identidad de situaciones como del resto de los dispuestos para la extensión. De esta manera la sentencia no sólo se ejecuta sino, en dicha ejecución, incorpora nuevos derechos que, a su vez, se declaran "ejecutorios". A partir de lo expuesto el legislador ha querido mediante el precepto introducido en la Ley 19/2003 que quien en su día llevo la fase declarativa sea quien se pronuncie sobre esta misma fase en relación a los derechos incorporados ahora y se impidiese de esta forma, como sucedería en el caso de autos de no admitirse la apelación, que un órgano judicial ajeno pronuncie una declaración del derecho diferente a la que sostiene la declaración previa de quien abrió la puerta a dicha declaración, más aún cuando se trata de un órgano jerárquicamente superior. **El precepto, por ello, es por completo coherente con el sistema general establecido para la extensión de los efectos de una sentencia y no se puede excluir su interpretación como innovadora del artículo legal donde se inserta.** Es obvio que, a partir de ahí resta la pregunta de cuál es el papel reservado al órgano de ejecución a que se refieren los números 1 y 2 del propio art. 110. **La respuesta no puede ser otra que la de la ejecución material de la declaración hecha, en su caso, por un tribunal distinto, mediante el dictado de los autos de aplicación oportunos. Podrá decirse, con razón, que esta solución peca de complejidad y aboca a la tardanza pero entiendo que cualquier otra pasa por ignorar parte de un precepto cuya redacción posiblemente precisa de mejora pero cuya aplicación es imperativa para los órganos judiciales».**

En cuanto a la finalidad **de la extensión de efectos,** la **sentencia del Tribunal Supremo n.º 810/2020, de 18 de junio, ECLI:ES:TS:2020:1930,** señala que:

«En lo que hace a su finalidad, esta opera en los casos en los que sobre una determinada controversia exista ya un pronunciamiento judicial que haya ganado firmeza; y consiste en evitar al ciudadano, que se encuentre en una situación que presente identidad con la que constituyó esa controversia, las molestias, costes y dilaciones que significaría la tramitación un nuevo proceso jurisdiccional. Un nuevo proceso que, por existir ya una respuesta judicial firme sobre lo que sería su objeto, se revela como inútil o innecesario. Fácilmente se advierte que con este mecanismo procesal se pretende dar satisfacción a dos derechos fundamentales: (i) al de tutela judicial efectiva (artículo 24 CE), por lo que acaba de señalarse; y (ii) también al de igualdad en la aplicación del Derecho (artículo 14 CE), que impone evitar al solicitante de la extensión de efectos el riesgo de recibir una solución contradictoria con la que fue dispensada a los litigantes de la sentencia firme de cuya extensión se trata)».

Asimismo, añade la **sentencia del Tribunal Supremo n.º 650/2021, de 10 de mayo, ECLI:ES:TS:2021:1881:**

«El incidente de extensión de efectos regulado en el artículo 110 de la LJCA evita tramitar por entero múltiples y repetitivos procedimientos cuando, concurriendo las exigencias materiales y procedimentales que prevé, un asunto esté ya resuelto por sentencia firme en la que se reconoce una situación jurídica individualizada. De darse esas circunstancias, el pronunciamiento precedente puede extenderse a otros administrados que lo soliciten y estén en idéntica situación».

En este sentido también se pronuncia el **Tribunal Constitucional en su sentencia n.º 87/2008, de 21 de julio, ECLI:ES:TC:2008:87**, señalando que el mecanismo procesal contemplado en el citado artículo 110 de la LJCA, «(...) **no tiene por objeto evitar la dispersión de soluciones judiciales,** sin perjuicio de que pueda coadyuvar a ello, **sino ‹ahorrar la reiteración de múltiples procesos innecesarios contra los llamados actos en masa›**, según el preámbulo de la Ley de la jurisdicción contencioso-administrativa».

Por otro lado, cabe hacer mención a la remisión que contiene el artículo 110. 7 de la LJCA, conforme a la cual **para la interposición de recurso** se acudirá al **artículo 80 de la LJCA**, esto es, **se seguirán los cauces del recurso de apelación** y se regirá por el mismo régimen de admisión de apelación que corresponda a la sentencia cuya extensión se pretende.

Asimismo, el **artículo 87, apartado 1, letra e), de la LJCA**, contempla que son también susceptibles de recurso de casación los autos dictados en el seno del artículo 110 de la LJCA por la sala de lo contencioso-administrativo de la Audiencia Nacional y por las salas de lo contencioso-administrativo de los TSJ, atendiendo a las excepciones del artículo 86 de la LJCA, siendo requisito interponer previamente recurso de reposición.

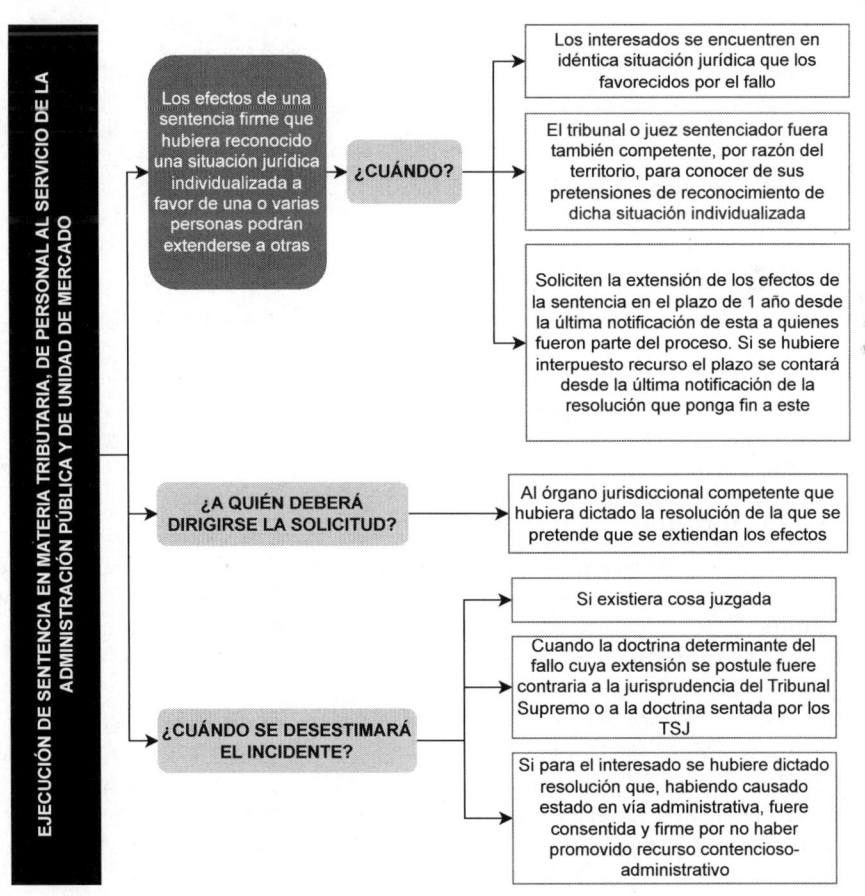

JURISPRUDENCIA

Sentencia del Tribunal Supremo, rec. 7229/2005, de 1 de abril de 2009, ECLI:ES:TS:2009:1750

Ámbito material de aplicación del artículo 110 de la LJCA. Interpretación estricta, no extensiva.

«(...) la extensión de efectos aquí pretendida no se refiere a ninguna de las materias que prevé el artículo 110 de la ley jurisdiccional, pues, a este respecto, ha declarado esta Sala en autos de 9 de mayo (recurso n.º 283/02) y 12 de diciembre de 2005 (recurso 40/04) que no cabe aceptar interpretaciones extensivas de la "materia de personal" con la que se pretende obtener la aplicación a efectos del artículo 111 de la Ley 29/1998, de 13 de julio.

En primer lugar, porque no cabe confundir el objeto de la actividad de la Administración de personal con las garantías que, frente a posibles arbitrariedades o ilegalidades puedan cometerse con ocasión de esa actividad por los poderes públicos. Y, en segundo lugar, porque esa interpretación extensiva tendría por consecuencia desvirtuar la razón de ser del incidente de extensión de efectos de las sentencias, que no es otro que el de "ahorrar la apertura de múltiples procesos innecesarios contra los llamados actos en masa" (cfr. exposición de motivos de la ley de la jurisdicción).

En suma, esta finalidad expresamente declarada por el legislador y que explica y fundamenta la innovación procesal que supone el incidente de extensión de efectos, está postulando, implícitamente, una interpretación restrictiva del artículo 110 que regula el incidente en materia tributaria y de personal (en coherencia con la jurisprudencia constitucional, por todas, STC 146/2005 y de esta Sala en sentencias de 15 de marzo de 2004, 18 de mayo de 2004, 26 y 29 de abril de 2004 y 5 de abril de 2006)».

Requisitos para la extensión de efectos de una sentencia en base al art. 110 de la LJCA

En lo relativo a los requisitos exigidos en el **artículo 110 de la LJCA**, cabe citar y hacer lectura de lo fijado por el Tribunal Supremo, pues la sentencia cuya extensión se pretende ha de revestir determinados requisitos procesales y de fondo.

‖ 1. Ha de tratarse de una sentencia firme

Desde el punto de vista procesal ha de tratarse de una sentencia firme, y si la sentencia se encuentra pendiente de un recurso de revisión o de casación en interés de la ley, quedará en suspenso la decisión del incidente hasta que se resuelva el citado recurso, tal y como señala el apartado 6 del referido artículo 110 de la LJCA.

En cuanto a la referencia al recurso de casación en interés de ley advierte la **sentencia del Tribunal Supremo n.º 650/2021, de 10 de mayo, ECLI:ES:TS:2021:1881**, que «(...) el artículo 110.6 de la LJCA responde a una redacción desfasada pues la referencia que hace al recurso de casación en interés de la ley carece ya de aplicación tras suprimirse por la Ley Orgánica 7/2015, de 21 de julio, por lo que la referencia a ese antiguo recurso debe entenderse sustituida por la única modalidad de casación regulada hoy en la LJCA. Y por lo antes expuesto, cuando la bondad jurídica de lo resuelto en firme por la sentencia objeto de extensión penda de un pronunciamiento del TJUE o del Tribunal Constitucional, la misma prudencia antes citada aconseja estar a lo previsto en el artículo 110.6 de la LJCA».

> **A TENER EN CUENTA.** El recurso de casación en interés de la ley previsto en los artículos 100 y 101 de la LJCA ha sido suprimido por la Ley Orgánica 7/2015, de 21 de julio, con efectos a partir del 22 de julio de 2016.

|| 2. No exista cosa juzgada

Asimismo, **es preciso que no exista cosa juzgada**. En este supuesto el incidente se desestimará en todo caso. Pero **¿cuándo existe cosa juzgada?** De acuerdo con la **STS n.º 2275/2016, de 24 de octubre, ECLI:ES:TS:2016:4630,** «(...) cuando la pretensión relativa a la situación concreta de quienes pretendan la ejecución de la sentencia haya sido resuelta por una sentencia distinta, cuyos efectos prevalecerán en todo caso en virtud del principio de cosa juzgada que se plasma en este requisito. La apreciación de que existe cosa juzgada está sujeta a la concurrencia de la triple identidad entre las cosas, causas, las personas de los litigantes y la calidad con que lo fueron, con el alcance que precisa ahora el artículo 222 de la LEC sobre cosa juzgada material (...)».

|| 3. Los interesados se encuentren en idéntica situación jurídica

En cuanto a los **requisitos de fondo**, además de que la sentencia haya sido dictada en materia tributaria, de personal al servicio de la Administración pública, o de unidad de mercado, es preciso que los interesados se encuentren en idéntica situación jurídica que los favorecidos por el fallo. En este sentido se pronuncia la mencionada **STS n.º 2275/2016, de 24 de octubre, ECLI:ES:TS:2016:4630.**

|| 4. No contradicción con la jurisprudencia del Tribunal Supremo

En cuanto al **requisito de no contradicción con la jurisprudencia del Tribunal Supremo**, cabe destacar la **sentencia del Tribunal Supremo n.º 650/2021, de 10 de mayo, ECLI:ES:TS:2021:1881**, conforme a la cual:

> «En definitiva, la eficacia y utilidad del instituto procesal de la extensión de efectos, aparte de la rigurosa constatación de identidades y demás requisitos formales exigibles, exige que el pronunciamiento de fondo ya firme e inatacable cuya extensión se pretende, sea jurídicamente seguro, consolidado, luego que no se expanda si es que en otros casos ha sido desautorizado jurisprudencialmente o esté pendiente de confirmación. Se exige, por tanto, que el efecto cuya extensión que se pretende no sea contrario a la jurisprudencia, entendida en sentido amplio, jurisprudencia que tiene así carácter determinante y vinculante como garantía que es de seguridad jurídica y unidad de criterio».

CUESTIONES

1. ¿Es requisito para la solicitud del incidente procesal de extensión de los efectos de una sentencia firme haber agotado la vía administrativa?

Para dar respuesta a esta cuestión es muy interesante hacer mención a la STS n.º 810/2020, de 18 de junio, ECLI:ES:TS:2020:1930, que señala que la exigencia del previo agotamiento de la vía administrativa, o la equivalente previa rectificación de la autoliquidación tratándose de materia tributaria, no resulta conforme con la finalidad y naturaleza que corresponde al mecanismo procesal de la extensión de efectos de una sentencia firme que se contempla en el artículo 110 de la LJCA.

Ello porque, considera el Tribunal Supremo, supone someter al administrado a unas dilaciones y molestias que no tienen justificación. Desde el momento en que esos trámites administrativos tienen sentido, como presupuesto del ejercicio de una acción jurisdiccional, a fin de permitir a la Administración que examine la pretensión del interesado y, en su caso, la reconozca y haga innecesario el proceso judicial; pero son inútiles cuando ya ha habido un proceso jurisdiccional que ha decidido por sentencia firme idéntica pretensión a la que se quiere reclamar a través del incidente procesal de extensión de efectos.

2. ¿A quién corresponderá la carga de la prueba?

Puede verse al respecto la sentencia del Tribunal Supremo, rec. 19/2015, de 24 de febrero de 2016, ECLI:ES:TS:2016:725, donde la recurrente alega como primer motivo de casación la vulneración del artículo 110.1 apdo. a) de la LJCA, al considerar que los interesados no se encuentran en situación idéntica a la sentencia cuyos efectos se extienden, sin haberse realizado un mínimo de prueba que acredite que las condiciones de intensidad en el trabajo son idénticas, por lo que habrá que estarse a lo resuelto caso por caso. Sin embargo, al solicitante de la extensión solo se le exige la aportación de documento o documentos que acrediten la identidad de situaciones o la no concurrencia de las circunstancias del apartado 5 del artículo 110, por tanto, «(...) es la Administración la que en el informe detallado sobre la extensión solicitada debe acreditar la existencia de circunstancias que rompan la identidad alegada por la recurrente. Pues bien, aparte de que la recurrente debería haber denunciado la valoración arbitraria de la prueba, lo que no hace, por lo que según reiterada jurisprudencia ha de estarse a lo probado por la resolución recurrida, no pudiendo en casación discutirse esa valoración, es a aquella a quien corresponde la carga de probar las diferencias existentes entre el reclamante de la extensión y el beneficio por la sentencia cuya extensión se pretende. El motivo, en consecuencia, ha de ser desestimado, pues la resolución parte de que la función de secretario del Centro, cuando no existe personal auxiliar de su función, exige una disposición a demanda, durante toda la jornada laboral».

JURISPRUDENCIA

Sentencia del Tribunal Supremo n.º 2275/2016, de 24 de octubre, ECLI:ES:TS:2016:4630

Requisitos exigidos en el artículo 110 de la LJCA.

«La excepción a dicha regla de la extensión a terceros de los efectos de determinadas sentencias, contenida en el artículo 110 de la LJCA, es la respuesta legislativa a la resistencia de las Administraciones públicas a ajustar sus pronunciamientos a los precedentes judiciales. Y es que está en la lógica del Estado de Derecho que las Administraciones resuelvan por impulso propio los casos idénticos al decidido por los tribunales, cuando no puedan alegar razonablemente diferencias fácticas o jurídicas entre el caso resuelto y los que están pendientes o no han sido llevados a los tribunales.

(...)

En los específicos ámbitos señalados en el artículo 110 de la LJCA, los efectos de una sentencia firme que haya reconocido una situación jurídica individualizada en favor de una o varias personas puede extenderse a otras en ejecución de sentencia, cuando concurran las siguientes circunstancias:

a) Que los interesados se encuentren en idéntica situación jurídica que los favorecidos por el fallo.

b) Que el Juez o Tribunal sentenciador fuera también competente, por razón del territorio, para conocer de sus pretensiones de reconocimiento de dicha situación individualizada.

c) Que soliciten la extensión de los efectos de la sentencia en el plazo de un año desde la última notificación de esta a quienes fueron parte en el proceso. Si se hubiere interpuesto recurso en interés de la ley o de revisión, este plazo se contará desde la última notificación de la resolución que ponga fin a este (art. 110.1 de la LJCA).

(...)

Los apartados 2 a 7, establecen el procedimiento para hacer efectiva la referida extensión. Y, en ambas redacciones, se establece, en el apartado 5 que: 'el incidente [de extensión de efectos de la sentencia] se desestimará, en todo caso, cuando existiera cosa juzgada, o cuando la doctrina determinante del fallo cuya extensión se postule fuere contraria a la jurisprudencia del Tribunal Supremo o a la doctrina sentada por los Tribunales Superiores de Justicia en el recurso a que se refiere el artículo 99 [...]'. Se establecía y sigue estableciéndose que si se encuentra pendiente un recurso de revisión o un recurso de casación en interés de la Ley, quedará en suspenso la decisión del incidente hasta que se resuelva el citado recurso.

El texto legal incorpora dos requisitos o presupuestos materiales básicos: que se trate de materia tributaria o de personal al servicio de la Administración pública o unidad de mercado, y que la situación jurídica de los interesados en la extensión de la eficacia de la sentencia sea idéntica a la de los favorecidos por el fallo. Dos requisitos procesales: la competencia territorial del Juez o Tribunal sentenciador para conocer de las nuevas pretensiones de reconocimiento y la observancia del plazo, un año desde la última notificación de la sentencia a quienes fueron parte en el proceso, o, en su caso, de la notificación de la resolución que ponga término al recurso en interés de ley o de revisión que pudiera haberse interpuesto. Y dos excepcionesque impiden la estimación del incidente: la existencia de cosa juzgada y que la doctrina determinante del fallo sea contraria a la jurisprudencia del Tribunal Supremo o a la doctrina sentada por los Tribunales Superiores de Justicia en el recurso a que se refiere el artículo 99 LJCA . A estas dos excepciones el actual texto añade una tercera, que para el interesado se hubiera dictado resolución que, habiendo causado estado en vía administrativa, fuere consentida y firme por no haber promovido recurso Contencioso-Administrativo.

TERCERO.- La extensión de efectos de una sentencia en su favor puede interponerse por aquellas personas que se hallen en identidad de situación respecto de la resuelta en la sentencia. Con ello, la legitimación se confunde con el fondo de la cuestión planteada, pues es precisamente dicha identidad la que determina que el órgano jurisdiccional pueda pronunciarse favorable o desfavorablemente respecto de dicha pretensión. La LJCA exige sin embargo que esta legitimación se justifique documentalmente con la petición dirigida al tribunal, pues establece que los interesados deberán acompañar a la petición dirigida al órgano judicial "el documento o documentos que acrediten la identidad de situaciones o la no concurrencia de alguna de las circunstancias del apartado 5 de este artículo" (art. 110.3 de la LJCA). De ello se infiere que la pretensión incidental podrá declararse inadmisible en el caso de que no se acompañe dicha justificación documental o de que la acompañada sea manifiestamente insuficiente para justificar prima facie dicha identidad.

La sentencia cuya extensión se pretende ha de revestir determinados requisitos procesales y de fondo.

Desde el punto de vista procesal ha de tratarse de una **sentencia firme** (...).

Es necesario que la sentencia haya reconocido una **situación jurídica individualizada en favor de una o varias personas**» (art. 110.1 LJCA , en relación con el art. 31 LJCA). En consecuencia, este incidente no es aplicable a las sentencias que resuelvan, estimándolas, pretensiones de anulación, puesto que respecto de las mismas la extensión a todos los afectados de los efectos de la sentencia se produce ope legis. Según el art. 72.2 LJCA : «La anulación de una disposición o acto producirá efectos para todas las personas afectadas. Sin embargo, en principio, y a salvo la extensión de sus efectos por la vía que estamos estudiando, la estimación en sentencia de pretensiones de reconocimiento o restablecimiento de una situación jurídica individualizada sólo producirá efectos entre las partes (art. 72.3 LJCA).

Es preciso que **no exista cosa juzgada**. En este supuesto el incidente se desestimará "en todo caso" (art. 110.5. a) de la LJCA) (...).

Asimismo, es necesario que la doctrina determinante del fallo cuya extensión se postule **no sea contraria a la jurisprudencia del Tribunal Supremo** (...).

Desde el punto de vista de los requisitos de fondo, además de que la sentencia se haya dictado en materia tributaria, de personal al servicio de la Administración pública, o de unidad de mercado, es preciso que los **interesados se encuentren en idéntica situación jurídica que los favorecidos por el fallo** (...).

La fase de ejecución no permite al órgano jurisdiccional competente efectuar una declaración de voluntad dirigida a una actuación concreta de la Ley respecto a una cuestión no controvertida ni resuelta en el previo proceso de conocimiento. Y, desde otra perspectiva, la extensión de efectos contemplada en el artículo 110 de la LJCA únicamente puede ser aplicada, a aquellos supuestos en que la sentencia no contraríe criterios sustentados anteriormente.

En la fase de ejecución de una sentencia solo pueden esgrimirse, tanto por quien fue parte en el proceso como por los terceros interesados en la ejecución, ex artículo 110 de la LJCA pretensiones que, por haber sido estimadas previamente en el proceso, resulten indiscutibles».

¿Quién es competente para acordar la extensión de efectos una sentencia en base al art. 110 de la LJCA?

La STS, rec. 451/2006, de 12 de noviembre de 2009, **ECLI:ES:TS:2009:6962**, señala que «Sobre este punto, esta Sala y Sección tiene reiteradamente declarado que "la extensión de efectos de sentencias se configura por la LJCA como un incidente dentro de la ejecución de sentencias y por ello, la competencia para su conocimiento debe atribuirse al Tribunal que haya conocido del asunto en primera o única instancia". (Autos de 9 de enero, 18 de octubre y 23 de noviembre de 2006, recursos de casación 6327/1999, 5795/2000 y 1982/2000, y 21 de febrero de 2007, recurso de casación n.º 970/2000)». Y añade, en el caso concreto que contempla, que «(...) el Tribunal de Instancia, que, en cuanto Tribunal Sentenciador, es el único competente para acordar la extensión de los efectos de su sentencia, ha aplicado correctamente lo que establece el artículo 110 de la LJCA en su apartado 1 b)».

Con relación al anterior requisito, determina el Tribunal Supremo que el legislador ha pretendido evitar que ante una sentencia estimatoria que reconoce una determinada situación jurídica, otros interesados, que, *a priori*, se encuentren en idéntica situación, puedan **solicitar la extensión de los efectos de dicha sentencia al margen de las reglas de la competencia territorial**, alterando así la correcta aplicación de las normas que regulan el derecho al juez natural predeterminado por la ley y que en el orden contencioso-administrativo se regula en el artículo 14 de la LJCA.

Por ende, se pretende **adecuar la extensión de efectos**, que es un incidente de ejecución de sentencia, a la misma competencia territorial que tiene el juez que la dicta, a fin de que el órgano judicial no pueda, por este cauce —de extensión de efectos—, conocer de asuntos para los que no tendría competencia territorial en un recurso contencioso-administrativo.

7.
CONCLUSIÓN DE LA EJECUCIÓN DE SENTENCIAS EN EL ORDEN CONTENCIOSO

LECTURAS RECOMENDADAS

DE DIEGO DÍEZ, L. Alfredo: *Extensión de efectos y pleito testigo en la jurisdicción administrativa*, Civitas, Cizur Menor (Navarra), 2016.

— «El pleito testigo», en *Revista Aranzadi Doctrinal*, 2017, n.º 4, págs. 53 a 67.

Suspensión de la tramitación de recursos en la LJCA

De acuerdo con el **artículo 111 de la LJCA**:

> «Cuando se hubiere acordado suspender la tramitación de uno o más recursos con arreglo a lo previsto en el artículo 37.2, una vez declarada la firmeza de la sentencia dictada en el pleito que se hubiere tramitado con carácter preferente, el letrado de la Administración de Justicia requerirá a los recurrentes afectados por la suspensión para que en el **plazo de cinco días interesen la extensión de los efectos de la sentencia o la continuación del pleito suspendido, o bien manifiesten si desisten del recurso**.
>
> Si se solicitase la extensión de los efectos de aquella sentencia, el juez o tribunal la acordará, salvo que concurra la circunstancia prevista en el artículo 110.5.b) o alguna de las causas de inadmisibilidad del recurso contempladas en el artículo 69 de esta ley».

A TENER EN CUENTA. Debemos partir de lo contemplado en el **artículo 37, apartado 2, de la LJCA**, que establece para los casos de pluralidad de recursos con idéntico objeto, no acumulados, que el órgano jurisdiccional debe tramitar uno o varios con carácter preferente, previa audiencia de las partes por plazo común de cinco días, suspendiendo el curso de los demás hasta dictar sentencia resolutoria del preferente. Asimismo, el referido apdo. 2 del artículo 37 de la LJCA ha sido modificado por el Real Decreto-ley 5/2023, en vigor a partir del 29 de julio de 2023, añadiendo al precepto que, en caso de que esa pluralidad de recursos con idéntico objeto pudiera, a su vez, agruparse por categorías o grupos que planteen una controversia sustancialmente análoga, el órgano jurisdiccional, si no se hubieran acumulado, tramitará uno o varios de cada grupo o categoría con carácter preferente, previa audiencia de las partes por plazo común de cinco días, suspendiendo el curso de los demás en el estado en que se encuentren hasta que se dicte sentencia en los tramitados preferentemente para cada grupo o categoría.

La previsión contemplada en el referido artículo 111 de la LJCA (junto con la de los artículos 37.2 y 110 del mismo texto legal) supone una excepción a la regla general de eficacia *inter partes* de las sentencias, tal y como establece el artículo 72.3 de la LJCA. Si bien, **no se aplicarán a los supuestos de sentencias firmes desestimatorias y, en principio, tampoco a las sentencias estimatorias de mera anulación (STS n.º 2209/2016, de 11 de octubre, ECLI:ES:TS:2016:4488).**

Al igual que sucede para lo contemplado en el artículo 110 de la LJCA, respecto a los autos dictados en los casos de suspensión de la tramitación de recursos, el **artículo 80, apartado 2 de la LJCA, fija que cabe recurso de apelación, así como recurso de casación** (previo recurso de reposición), según lo preceptuado en el **artículo 87, apartado 1 e), de la LJCA.**

Asimismo, respecto a la **extensión a terceros,** el artículo 111 de la LJCA contempla esta facultad, regulando y ampliando lo ya expuesto en el **artículo 72, apartado 3, de la LJCA,** contemplando como **excepción** a la extensión cuando la doctrina determinante del fallo cuya extensión se postule **fuere contraria a la jurisprudencia del Tribunal Supremo** [véase el artículo 110, apartado 5 b) de la LJCA].

Diferencias entre los procesos contemplados en los artículos 110 y 111 de la LJCA

No deben confundirse ambos procesos o artículos 110 y 111, ya que el artículo 110 de la LJCA tiene un límite de aplicación material muy específico que así lo regula en su propio cuerpo normativo (materia tributaria y de personal) mientras que el segundo es de aplicación «en masa».

Así, la **STS rec. 6192/2007, de 14 de noviembre de 2011, ECLI:ES:TS:2011:7804** señala que «la **extensión de efectos del artículo 110 está prevista para sentencias firmes, en materia tributaria y de personal, cuando los interesados se encuentren en idéntica situación jurídica que los favorecidos por el fallo** y se cumplan determinados requisitos procesales, entre ellos el de la observancia del plazo que establece dicho precepto.

La previsión del **artículo 37.2, en relación con el artículo 111, constituye un mecanismo procesal,** alternativo para atender a los "procesos masa", con idéntico objeto, que permite, en lugar de la acumulación de autos, la tramitación de uno o varios con carácter preferente, suspendiéndose el curso de los demás hasta que se dicte sentencia en los primeros. Y es esta sentencia la que puede ser objeto de extensión de efectos, en los términos del artículo 111 y con la observancia de requisitos propios».

CUESTIÓN

¿Qué podemos entender por «personas afectadas» o «afectados»?

De acuerdo con la jurisprudencia podemos entender por «personas afectadas» aquellas que pueden ver menoscabados o perjudicados sus derechos y sus intereses legítimos por efectos de la ejecución o la inejecución de la sentencia. A título ilustrativo, véase la STS rec. 5240/2008, de 15 de febrero de 2011, ECLI:ES:TS:2011:74, cuyo tenor literal es el siguiente:

«La aplicación de la anterior doctrina nos lleva a concluir que los Ayuntamientos ahora recurrentes tenían la consideración de "afectados" en el procedimiento de ejecución provisional, en cuanto sus intereses podían resultar menoscabados o perjudicados por la ejecución de la sentencia que anula el proyecto de desdoblamiento de la carretera que discurría por sus términos municipales y retrotrae el procedimiento administrativo, manteniéndose la "afectación" en tanto se ejecutara el pronunciamiento de la sentencia recaída en el proceso. Eran, pues, titulares de derechos e intereses legítimos que resultaban alcanzados por la ejecución de la sentencia, por ello, la decisión de denegar su personación resulta contraria a derecho».

¿Qué ocurrirá en caso de incumplimiento de plazos y ejecución forzosa de la sentencia en la LJCA?

La normativa sobre la ejecución de sentencias en el orden contencioso-administrativo concluye con los artículos 112 y 113 de la LJCA. Estos preceptos, relativos a las medidas para hacer frente al incumplimiento de plazos, contemplan la exigencia de responsabilidad penal o la imposición de multas de 150 a 1500 euros, así como la posibilidad de instar la ejecución forzosa por las partes en el proceso.

De manera literal, el **artículo 112 de la LJCA** dispone:

«Transcurridos los plazos señalados para el total cumplimiento del fallo, el juez o tribunal adoptará, previa audiencia de las partes, las medidas necesarias para lograr la efectividad de lo mandado.

Singularmente, acreditada su responsabilidad, previo apercibimiento del letrado de la Administración de Justicia notificado personalmente para formulación de alegaciones, el juez o la Sala podrán:

a) Imponer multas coercitivas de ciento cincuenta a mil quinientos euros a las autoridades, funcionarios o agentes que incumplan los requerimientos del juzgado o de la Sala, así como reiterar estas multas hasta la completa ejecución del fallo judicial, sin perjuicio de otras responsabilidades patrimoniales a que hubiere lugar. A la imposición de estas multas les será aplicable lo previsto en el artículo 48.

b) Deducir el oportuno testimonio de particulares para exigir la responsabilidad penal que pudiera corresponder».

A TENER EN CUENTA. Este precepto nos remite al **artículo 48 de la LJCA** en cuanto a la imposición de multas. A grandes rasgos, dicho precepto dispone que la multa se reiterará cada veinte días hasta el cumplimiento de lo requerido y, en caso de imposibilidad de determinación individualizada de la autoridad o empleado responsable, será la Administración pública quien haga frente a la multa, pudiendo esta última repetir la acción contra el concreto responsable. Cabe recurso de reposición contra los autos que acuerden imposición de multas y su insatisfacción conllevará que la multa firme se haga efectiva por vía judicial de apremio. El referido artículo 48 de la LJCA ha sido modificado por el Real Decreto-ley 6/2023, de 19 de diciembre, en vigor a partir del 20 de marzo de 2024.

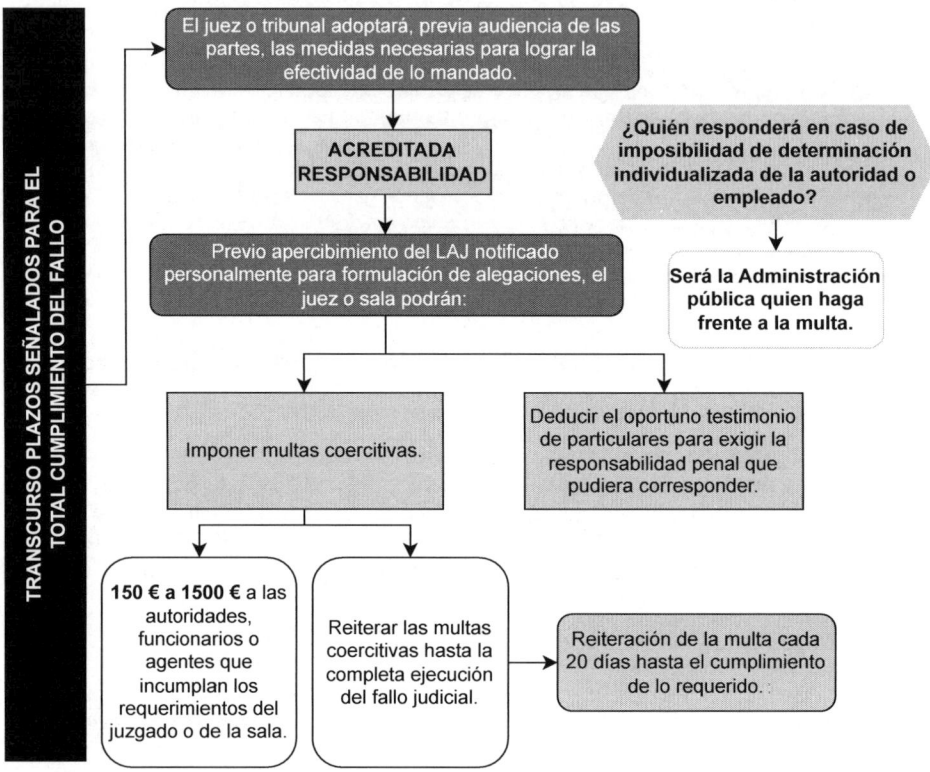

JURISPRUDENCIA

Sentencia del Tribunal Supremo n.º 1257/2020, de 5 de octubre, ECLI:ES:TS:2020:3180

«Es decir, frente al incumplimiento de la Administración las partes y personas afectadas pueden reaccionar acudiendo al juzgado o tribunal para que obliguen a aquella a dar cumplimiento al fallo de la sentencia. Y a partir de ese momento será responsabilidad del órgano jurisdiccional la adopción, en tiempo y forma, de las decisiones que procedan para lograr la efectividad de lo mandado (artículo 112 de la LJCA), pudiendo llegar el juez o la Sala, incluso, a imponer multas coercitivas y a deducir el oportuno testimonio de particulares para exigir la responsabilidad penal que pudiera corresponder por el incumplimiento».

Auto del Tribunal Supremo de 13 de marzo de 2015, rec. 214/2010, ECLI:ES:TS:2015:1876A

«PRIMERO.- De conformidad con lo dispuesto en el artículo 112 de la Ley reguladora de la Jurisdicción Contencioso-Administrativa, a la vista de la actuación desplegada por el Ministerio de Industria, Energía y Turismo para el debido cumplimiento del fallo de la sentencia de esta Sala de lo Contencioso-Administrativo del Tribunal Supremo de 14 de enero de 2013, que estimó parcialmente el recurso contencioso-administrativo interpuesto por la representación procesal de Esquerra Unida del País Valencià y la Asociación Ecologistas en Acción del País Valencià contra el Acuerdo del Consejo de Ministros de 23 de octubre de 2009, por el que se declara de utilidad pública y se aprueba a Red Eléctrica de España, S.A. el proyecto de ejecución de la línea eléctrica aérea-subterránea a 220 kV, doble circuito, de entrada y salida en la subestación de Montebello desde la línea a 220 kV Jijona. El Cantalar, en la provincia de Alicante, y contra el Acuerdo del Consejo de Ministros de 26 de febrero de 2010, que declaramos nulos, ordenando la retroacción del procedimiento a los efectos de que se proceda a reformular y completar la evaluación de impacto ambiental, respecto del trazado de la línea eléctrica que transcurre por la Zona de Especial Protección para las Aves (ZEPA) Cabeçó d'Or y la Grana, no procede, por el momento, la imposición de multas coercitivas, al haberse seguido los trámites para la aprobación de la reformulación de la Declaración de Impacto Ambiental del proyecto de ejecución de la mencionada línea eléctrica, aunque se establece un plazo máximo de cuatro meses para concluir el expediente».

CUESTIÓN

Frente al incumplimiento inicial de la Administración ¿podrá operar la caducidad del procedimiento administrativo?

No, «porque la circunstancia esencial que debe primar en ese escenario y en ese momento es la de que todavía no se ha ejecutado la sentencia y que, por tanto, estamos situados dentro del marco —temporal y procedimental— legalmente establecido para la ejecución de las sentencias. Y en ese marco no operan los plazos de caducidad por "pasividad" de la Administración propios de un procedimiento administrativo, porque el "ritmo temporal" de ejecución lo marca el juzgado o tribunal, que es el órgano constitucional y que legalmente está facultado y obligado a hacer ejecutar lo juzgado». STS n.º 1257/2020, de 5 de octubre, ECLI:ES:TS:2020:3180.

Por su parte, el **artículo 113 de la LJCA** dispone:

«1. Transcurrido el plazo de ejecución que se hubiere fijado en el acuerdo a que se refiere el artículo 77.3, cualquiera de las partes podrá instar su ejecución forzosa.

2. Si no se hubiere fijado plazo para el cumplimiento de las obligaciones derivadas del acuerdo, la parte perjudicada podrá requerir a la otra su cumplimiento y transcurridos dos meses podrá proceder a instar su ejecución forzosa».

Con ello se completa lo regulado en el **artículo 77 de la LJCA** que prevé la finalización de procedimientos a través de acuerdo, dictando en ese caso, por el juez o tribunal, auto declarando el fin del procedimiento, siempre que no sea contrario al orden público o cause daños al interés público o a terceros.

A TENER EN CUENTA. Es importante consultar el artículo 77 de la LJCA, en su totalidad, así como otros concordantes que puedan ser de aplicación, en cuanto a materias susceptibles de acuerdos y otros requisitos necesarios para su celebración. Este artículo ha sido modificado por el RD-ley 6/2023, de 19 de diciembre, con entrada en vigor el 20 de marzo de 2024, añadiendo un nuevo apartado 4 al mismo, para fijar que las actuaciones previstas en él podrán llevarse a cabo por medios electrónicos.

JURISPRUDENCIA

Sentencia del Tribunal Supremo, rec. 6144/2011, de 14 de octubre de 2014, ECLI:ES:TS:2014:4204.

«La sola circunstancia del carácter declarativo de la sentencia no significa, como señala la sentencia de 9 de octubre de 2007, que no tenga nada que ejecutar, pues al expulsar del ordenamiento jurídico el acto anulado puede ser necesario eliminar o reparar las consecuencias del mismo; aparte de aquellos casos en los que el pronunciamiento declarativo implique el reconocimiento de una situación jurídica individualizada, a los que alude la sentencia de 10 de marzo de 2004 cuando dice que: "si bien es cierto que no puede afirmarse con carácter absoluto que las sentencias meramente declarativas o constitutivas no puedan ser objeto de ejecución forzosa, sí lo es que su ejecución reviste ciertas peculiaridades que no es posible ignorar. La ejecución es posible en aquellos casos en que, simultáneamente con la declaración de nulidad o anulabilidad del acto, se produce el reconocimiento de una situación jurídica individualizada y sea preciso adoptar las medidas legales necesarias para que ese reconocimiento resulte efectivo, o las indemnizaciones sustitutorias pertinentes en el caso de que no fuese material o legalmente posible efectivizar el reconocimiento; y a esa misma conclusión hemos de llegar (sentencia de esta Sala de 29 de octubre de 2001) cuando la efectivización del fallo requiera una actividad ejecutiva de cualquier clase que sea"».

Muchas otras sentencias coinciden con lo expuesto. A título de ejemplo:

- STS rec. 6138/2011, de 7 de octubre de 2014, ECLI:ES:TS:2014:3991.
- STS rec. 6148/2011, de 23 de mayo de 2014, ECLI:ES:TS:2014:1982.
- STS rec. 4020/2011, de 7 de abril de 2014, ECLI:ES:TS:2014:1612.
- STS rec. 216/2012 de 29 de octubre, ECLI:ES:TS:2012:7025.
- STS rec. 1832/2011, de 31 de octubre, ECLI:ES:TS:2011:7109.

ANEXO.
FORMULARIOS

Escrito de incidente de ejecución de sentencia en procedimiento contencioso-administrativo

AL ÓRGANO [ESPECIFICAR] (1)

Don/Doña [NOMBRE_PROCURADOR], procurador/a de los tribunales, en nombre y representación de **don/doña** [NOMBRE_CLIENTE], con domicilio en esta ciudad en [DOMICILIO], provisto/a de DNI [NÚMERO], según consta debidamente acreditado en los autos del recurso contencioso-administrativo n.º [AUTOS_NÚMERO] seguido ante este tribunal a instancia de mi representado/a, bajo la dirección técnica de **don/doña** [NOMBRE_ABOGADO/A] colegiado/a n.º [NÚMERO_COLEGIADO/A] del Ilustre Colegio de Abogados de [LOCALIDAD], comparezco y como mejor proceda en derecho, (2)

DIGO

Por medio del presente, conforme a lo dispuesto en el artículo 109 de la Ley 29/1998, de 13 de julio, reguladora de la Jurisdicción Contencioso-administrativa (en adelante, LJCA), formulo **incidente de ejecución de sentencia** con el objeto de que por el tribunal se dicte auto ordenando la ejecución de la sentencia recaída en el procedimiento [ESPECIFICAR], sobre la base de los hechos y consideraciones jurídicas que fundamentan los siguientes,

HECHOS

PRIMERO.- Pese al tiempo transcurrido, la Administración aún no ha cumplido lo ordenado en la sentencia firme recaída en este procedimiento, y particularmente el extremo relativo a [DESCRIPCIÓN].

SEGUNDO.- En consecuencia, de conformidad con lo dispuesto en el artículo 109 de la LJCA, promuevo el presente **incidente de ejecución de sentencia**, para decidir acerca de (3):

I.-[ESPECIFICAR].

II.-[ESPECIFICAR].

III.-[ESPECIFICAR].

TERCERO.- De conformidad con el artículo 103.2 de la LJCA, *«las partes están obligadas a cumplir las sentencias en la forma y términos que en éstas se consignen»*. Así pues, la Administración se encuentra vinculada a la resolución judicial y, en este caso, nos encontramos con una vinculación positiva que se traduce en la exigencia de realizar las actividades materiales y formales necesarias para cumplir el mandato contenido en la [ESPECIFICAR] determinando y ordenando [ESPECIFICAR].

CUARTO.- Invocamos el artículo 105.1 de la LJCA que dispone expresamente que *«no podrá suspenderse el cumplimiento ni declararse la inejecución total o parcial del fallo»*.

QUINTO.- La propia Constitución reconoce en el artículo 118 la obligación de cumplir las sentencias y demás resoluciones firmes de los jueces y tribunales, así como prestar la colaboración requerida por estos en el curso del proceso y en la ejecución de lo resuelto, de manera que la inejecución, ya sea parcial o total y la subsiguiente ejecución por equivalente, son una excepción que como tal debe ser objeto de aplicación restrictiva.

Así lo sostiene, entre otras muchas, la **STS n.º 1358/2017, de 26 de julio, ECLI:ES:TS:2017:3241**:

> «(...) hemos de recordar, también, el carácter evidentemente restrictivo, que, por los motivos —fundamentalmente constitucionales— que luego

se expondrán, se impone en esta materia relativa a la inejecución de las sentencias por causas de imposibilidad. En tal sentido, por todas, podemos reiterar lo manifestado en la STS 15 de julio de 2003, según la cual "el artículo 118 de la Constitución establece la obligación de cumplir las sentencias firmes de los Tribunales y el artículo 103.2 de la ley jurisdiccional determina que las partes están obligadas a cumplir las sentencias en la forma y términos que éstas consignen, cumplimiento que no podrá suspenderse ni declararse la inejecución total o parcial del fallo —artículo 105.1 LRJCA—.

La rotunda claridad de estos preceptos pone de relieve que es principio capital y esencial de todo el sistema judicial, la ejecutabilidad de las sentencias, en los términos en que se hacen constar en las mismas, por lo que las excepciones a esa integra ejecutabilidad —imposibilidad material o legal— contenidos en el artículo 105.2 de la misma LRJCA , han de ser siempre interpretadas y aplicadas con los máximos criterios restrictivos en el reconocimiento de esa imposibilidad". Tal carácter restrictivo deriva de deber constitucional de ejecutar la sentencia, deber del que se desprende —como ya dijimos en nuestra clásica y vieja jurisprudencia (ATS 12 junio 1990)— que "el derecho de toda persona a la tutela efectiva de los Tribunales, consagrado en el artículo 24 de la Constitución, integra no sólo el derecho a la obtención de una sentencia firme, sino también a que sea llevado a efecto lo decretado en la indicada resolución, exigencia ejecutiva categóricamente afirmada en el artículo 118 de la Norma Fundamental española (...)"».

La **STC n.º 136/1997, de 21 de julio, ECLI:ES:TC:1997:136,** reza el tenor literal siguiente:

«(...) el mandato impuesto por el art. 118 CE —en cuanto exigencia que se deriva del concepto mismo de poder jurisdiccional concebido como el que los Jueces y Tribunales ejercen en el marco establecido por las Leyes (STC 231/1990)— ha de ser cumplido, en primer lugar, por los propios órganos jurisdiccionales (STC 167/1987). Y ello implica, indudablemente, que el órgano judicial inferior ha de respetar y dar plena eficacia a una resolución judicial firme dictada por el superior. Pues en otro caso se estaría lesionando el cuadro de garantías para el particular que el art. 24.1 CE reconoce (STC 15/1986), en conexión con el principio de seguridad jurídica, consagrado en el art. 9.3 CE (STC 231/1990) (...)».

En su virtud,

SOLICITO A [ESPECIFICAR]:

Que tenga por presentado este escrito con sus copias, lo admita, acuerde tener por planteado incidente de ejecución y, una vez tramitado con arreglo a lo previsto por el apartado 2 del artículo 109 de la LJCA, resuelva mediante auto la cuestión planteada.

En [LOCALIDAD] a [DÍA] de [MES] de [AÑO].

Firma:

Don/Doña [FIRMA]

---

(1) Juzgado o sala que dictó la sentencia.

(2) Ante órganos unipersonales, las partes podrán conferir su representación a un procurador y serán asistidas, en todo caso, por abogado; ante órganos colegiados, las partes deberán conferir su representación a un procurador y ser asistidas por abogado, así lo prevé el

artículo 23 de la LJCA modificado por Real Decreto-ley 6/2023, de 19 de diciembre, con efectos desde el 20/03/2024.

(3) Ejemplos en base al apartado 1 del artículo 109 de la Ley 29/1998, de 13 de julio:
- El órgano administrativo que debe responsabilizarse de realizar las mencionadas actuaciones.
- El plazo máximo para su cumplimiento.
- Los medios con los que han de llevarse a efecto y el procedimiento a seguir.

Demanda instando la extensión de efectos de sentencia reconociendo el derecho a ser indemnizado por los periodos de descanso no disfrutados

AL JUZGADO CENTRAL DE LO CONTENCIOSO-ADMINISTRATIVO N.º [NÚMERO] DE LA AUDIENCIA NACIONAL

Don/Doña [NOMBRE], fiscal con destino en [LOCALIDAD], con DNI n.º [NÚMERO] y con domicilio a efectos de notificaciones en [DIRECCIÓN] y [TELÉFONO], bajo la dirección técnica del/la letrado/a **don/doña** [NOMBRE_ABOGADO/A_CLIENTE], colegiado/a [NÚMERO], con despacho profesional en [DIRECCIÓN] y [NÚMERO] a quien se otorga la representación *apud acta* de conformidad con el artículo 23 n.º 1 de la LJCA, ante el juzgado comparezco y como mejor proceda en derecho,

DIGO

Al amparo de lo establecido en el artículo 110 de la Ley 29/1998, de 13 de julio, reguladora de la Jurisdicción Contencioso-administrativa (en adelante, LJCA) solicito la **EXTENSIÓN DE EFECTOS** de la sentencia dictada por ese juzgado al que me dirijo en el proceso abreviado al margen señalado con [FECHA], [N.º DE LA SENTENCIA], conforme a los siguientes,

HECHOS

PRIMERO.- Desde la toma de posesión en [FECHA] ejerzo mis funciones como fiscal con destino en [LOCALIDAD], y durante el período comprendido entre el día [FECHA] y el día [FECHA], he realizado guardias en los partidos judiciales de [LOCALIDAD], que cuenta con [NÚMERO] de juzgados y de [LOCALIDAD], que cuenta con [NÚMERO] de juzgados, por lo que el servicio de guardia se desarrolla conforme a lo dispuesto en el artículo 60 del Acuerdo de 15 de septiembre de 2005, del Pleno del Consejo General del Poder Judicial, por el que se aprueba el Reglamento 1/2005, de los aspectos accesorios de las actuaciones judiciales.

SEGUNDO.- Por sentencia de [FECHA], [NÚMERO], dictada por ese juzgado central se ha estimado el recurso contencioso-administrativo interpuesto por don/doña [NOMBRE], frente a la resolución dictada por silencio administrativo **(1)**, por el secretario de Estado de Justicia en reclamación de las cantidades devengadas y no satisfechas por la falta de descanso del día posterior a la salida de la guardia. En dicha sentencia se reconoce una indemnización de [CANTIDAD] euros por cada día de privación del descanso.

TERCERO.- A los efectos del artículo 110 de la LJCA me encuentro en la misma situación jurídica que la sentencia dictada por ese juzgado. Desde el día [FECHA] hasta el día 29 de octubre de 2013 **(2)**, he realizado un total de [NÚMERO] períodos de ocho días de guardia, sin haber disfrutado del preceptivo descanso después de la guardia. Adjunto certificación del letrado/a de la Administración de Justicia que acredita la realización de todas esas guardias, teniendo constancia el Ministerio de Justicia de los pagos realizados.

A los anteriores hechos son de aplicación los siguientes,

FUNDAMENTOS DE DERECHO

PRIMERO.- El **artículo 110 de la LJCA** establece los requisitos para poder solicitar la extensión de efectos de una sentencia dictada en materia tributaria, de personal al servicio de la Administración pública y de unidad de mercado, a saber:

«a) Que los interesados se encuentren en idéntica situación jurídica que los favorecidos por el fallo.

b) Que el juez o tribunal sentenciador fuera también competente, por razón del territorio, para conocer de sus pretensiones de reconocimiento de dicha situación individualizada.

c) Que soliciten la extensión de los efectos de la sentencia en el plazo de un año desde la última notificación de ésta a quienes fueron parte en el proceso. Si se hubiere interpuesto recurso en interés de ley o de revisión, este plazo se contará desde la última notificación de la resolución que ponga fin a éste».

En el caso que nos ocupa se cumplen los requisitos establecidos en el citado precepto:

– En cuanto al primero, la situación jurídica es idéntica, tanto material como procesalmente hablando, en cuanto el régimen de guardias se regula en el mismo precepto reglamentario y las guardias son idénticas con régimen de 8 días continuados.

– El segundo requisito también se cumple en cuanto que el órgano jurisdiccional al que me dirijo tiene competencia en todo el territorio nacional.

– Y en cuanto al tercer requisito, no ha transcurrido el plazo de un año.

SEGUNDO.- No concurre ninguna de las circunstancias por las que se haya de desestimar el incidente conforme al apartado 5 del artículo 110 de la LJCA. De acuerdo con la doctrina del Tribunal Supremo, entre otras, **STS, rec. 7326/2005, de 3 de junio de 2009, ECLI:ES:TS:2009:4059**, o **STS, rec. 5072/2011, de 15 de enero de 2014, ECLI:ES:TS:2014:99**, no es necesario hacer ninguna petición previa a la Administración y que en el caso de que se hubiera hecho, que la reclamación, por no haber promovido recurso contencioso-administrativo, hubiera ganado firmeza, lo que no es este el caso.

Es competente para conocer de este asunto el [JUZGADO] al que me dirijo, en virtud del artículo 103.1 de la LJCA.

TERCERO.- Se presenta petición en escrito razonado acompañando la certificación de las guardias realizadas y certificación del fiscal jefe de la fiscalía en la que estoy destinado/a que acredita el no disfrute del día de libranza en el período reclamado.

En su virtud,

SUPLICO A LA SALA:

Que se tenga por presentado este escrito con los documentos que se acompañan, se abra el correspondiente incidente a que se refiere el artículo 110 de la LJCA y, previo los correspondientes trámites, se dicte **AUTO por el que:**

1. Se acuerde la **EXTENSIÓN DE EFECTOS** de la sentencia a la que se hace referencia en el cuerpo de este escrito de [FECHA] dictada en el procedimiento abreviado [NÚMERO], a favor del solicitante don/doña [NOMBRE].

2. Se declare mi derecho a percibir una indemnización por [NÚMERO] días de descanso después de la guardia que no he podido disfrutar a razón de [CANTIDAD] por cada día, lo que totaliza la cantidad de [CANTIDAD] más los intereses legales correspondientes desde la presentación de esta solicitud y hasta el completo pago.

En [CIUDAD] a [DÍA] de [MES] de [AÑO].

Firma abogado/a

[FIRMA]

---

(1) O concretar fecha de resolución en caso de existir resolución expresa según proceda.

(2) Fecha de la entrada en vigor del acuerdo del CGPJ de fecha 15 de octubre de 2013 por el que se modificó el Reglamento 1/2005 de Aspectos Accesorios de las Actuaciones Judiciales.

Formulario de oposición a incidente de imposibilidad de ejecución de sentencia (art. 105.2 LJCA)

Procedimiento: [ESPECIFICAR]

Número: [NÚMERO]/[AÑO]

AL JUZGADO DE LO CONTENCIOSO-ADMINISTRATIVO
NÚMERO [NÚMERO] DE [LUGAR]

Don/Doña [NOMBRE_PROCURADOR/A], **(1)** procurador/a de los tribunales y de don/doña [NOMBRE_CLIENTE], tal y como consta acreditado en las actuaciones, bajo la dirección letrada de **don/doña** [NOMBRE LETRADO], ante este juzgado comparezco y, como mejor proceda en derecho,

DIGO

En fecha [FECHA] se nos ha dado traslado del incidente de imposibilidad legal y material de ejecución de la sentencia dictada en los presentes autos basándose en [ESPECIFICAR] y concediendo a las partes un plazo de [NÚMERO] días a los efectos de proceder a manifestar lo que a nuestro derecho convenga.

Y, mediante la presente, y en la representación que ostento, procedo a evacuar el trámite conferido **OPONIÉNDONOS AL INCIDENTE DE IMPOSIBILIDAD LEGAL Y MATERIAL DE EJECUCIÓN,** y ello con base en las siguientes

ALEGACIONES

PRIMERA.- Debemos comenzar por lo expuesto en la propia Ley reguladora de la Jurisdicción Contencioso-administrativa (en adelante, LJCA) que en su artículo 105.1 señala la imposibilidad de suspensión del cumplimiento y de declaración de la inejecución total o parcial del fallo.

Ello es lo que interesa la Administración condenada, la cual, por otro lado, ha pospuesto durante el tiempo que ha podido, la ejecución del fallo.

Recordemos que esta parte, en virtud de lo dispuesto en el artículo 104 de la LJCA **(2)**, ha tenido que esperar dos meses para instar la ejecución, plazo que ha tenido la adversa para proceder a la ejecución, sin haberlo efectuado, lo que ya hace observable la mala fe de la misma.

SEGUNDA.- Partiendo de lo anterior, entendemos que la solicitud incidental no es más que un subterfugio para perder más tiempo y evitar el cumplimiento de la sentencia, inclusive a los efectos de producir, con el transcurso temporal, la realidad de la cuestión incidental actualmente presentada y, para nada, real, efectiva ni de posible aceptación por parte del tribunal, dicho esto con todo respeto y en estrictos términos de defensa.

TERCERA.- [ESPECIFICAR MOTIVOS]

CUARTA.- Hemos de traer a colación lo dispuesto en el **ATS, rec. 599/2017, de 20 de febrero de 2019, ECLI:ES:TS:2019:2214A,** en el que claramente indica:

> «La jurisprudencia, con carácter general, ha precisado que **sólo el concurso de circunstancias sobrevenidas** que alteren los términos en los que la disputa procesal fue planteada y resuelta por el tribunal sentenciador puede hacer imposible o dificultar la ejecución de la sentencia (STC 41/1993, de 8 de enero); que, por el contrario, la inejecución de la resolución en sus propios términos por conveniencia del ejecutante no supone imposibilidad material ni

legal de incumplimiento (STC 219/1994, de 18 de julio) y que **la existencia de dificultades prácticas no puede excusar la ejecución de las sentencias** (STC 155/1985, de 12 de noviembre)».

QUINTA.- Por todo lo expuesto es más que observable que la ejecución sí puede llevarse a cabo, si bien no en su total plenitud, sí en su mayor parte.

Por lo expuesto,

SOLICITO AL JUZGADO:

Que se tenga por presentado este escrito junto con sus copias y documentos adjuntos, los admita, les dé la tramitación legal oportuna y, en su día dicte resolución por la que, desestimando el incidente planteado, declare la continuación de la ejecución procediendo a [ESPECIFICAR].

Con expresa imposición en costas a la adversa.

En [LOCALIDAD] a [DÍA] de [MES] de [AÑO].

Firma abogado/a   Firma procurador/a

[FIRMA]   [FIRMA]

OTROSÍ DIGO: En atención a que se pueda entender por el juzgador la imposibilidad legal o material de la ejecución, interesamos [ESPECIFICAR], y ello teniendo en consideración lo dispuesto jurisprudencialmente, como viene siendo el **ATS n.º 599/2017, de 20 de febrero de 2019, ECLI:ES:TS:2019:2214A**:

> «(...) en los casos, de imposibilidad material de la ejecución de la sentencia, **el juez tiene obligación de indagar sobre otros posibles medios de ejecución equivalente o sustitutoria**, medios que pueden ser de cualquier naturaleza **y no sólo la indemnización de los daños y perjuicios** a los que se refiere el art. 105 de la LJCA. A este respecto, el TC en su sentencia 67/84, de 7 de junio, recuerda que: «tan constitucional es una ejecución en la que se cumple el principio de la identidad total entre lo ejecutado y lo estatuido en el fallo como una ejecución en la que, por razones atendibles, la condena es sustituida por un equivalente pecuniario o por otro tipo de prestación», y en la STC 153/92, de 19 de octubre: «ese derecho a la ejecución de la sentencia en sus propios términos no impide que en determinados supuestos ésta devenga legal o materialmente imposible, lo cual habrá de apreciarse por el órgano jurisdiccional en resolución motivada, pues el cumplimiento o ejecución de las sentencias depende de las características de cada proceso y del contenido del fallo. Ahora bien, esa imposibilidad de dar cumplimiento a la sentencia en sus propios términos no implica, al menos en las sentencias condenatorias, la ausencia de toda otra medida ejecutiva, de modo que baste la mera constatación de la imposibilidad de acordar el cumplimiento estricto de los mandatos que ella contiene para entender satisfecha la tutela judicial efectiva, siendo preciso que, en tales supuestos, se acuda a la adopción de otros medios de ejecución sustitutorios o subsidiarios que el ordenamiento ofrece, pues, en caso contrario, las decisiones judiciales quedarían convertidas en meras declaraciones de intenciones, y la parte que ha obtenido la sentencia favorable se encontraría en idéntica posición que antes de obtener dicho pronunciamiento"».

SOLICITO AL JUZGADO:

Que se tenga por interesada la anterior manifestación y que, para el caso de estimar el incidente planteado, se proceda a sustituir la ejecución primigenia por [ESPECIFICAR].

En lugar y fecha *ut supra.*

Firma abogado/a   Firma procurador/a

[FIRMA]   [FIRMA]

---

(1) Ante órganos unipersonales, las partes podrán conferir su representación a un procurador y serán asistidas, en todo caso, por abogado; ante órganos colegiados, las partes deberán conferir su representación a un procurador y ser asistidas por abogado, así lo prevé el artículo 23 de la LJCA modificado por Real Decreto-ley 6/2023, de 19 de diciembre, con efectos desde el 20/03/2024.

(2) El artículo 104.1 de la LJCA ha sido modificado por el Real Decreto-ley 6/2023, de 19 de diciembre, en vigor a partir del 20/03/2024.

Demanda de ejecución de sentencia contencioso-administrativa de condena a pago de cantidad líquida

> **A TENER EN CUENTA.** El artículo 104.1 de la LJCA ha sido modificado por el Real Decreto-ley 6/2023, de 19 de diciembre, en vigor desde 20/03/2024, de forma que se refiere a la comunicación inicial de la firmeza de una sentencia directamente al órgano previamente identificado como responsable del cumplimiento de la misma, suprimiéndose la obligación de indicar cuál será ese órgano en el plazo de 10 días previsto.

AL JUZGADO DE LO CONTENCIOSO-ADMINISTRATIVO DE [ESPECIFICAR]

Don/Doña [NOMBRE_PROCURADOR_CLIENTE], procurador/a de los tribunales de [LUGAR], con n.º de colegiado/a [NÚMERO] actuando en nombre y representación de **don/doña** [NOMBRE_CLIENTE], con DNI [NÚMERO], representación que consta acreditada en autos de referencia, bajo la dirección técnica de don/doña [NOMBRE_ABOGADO/A_CLIENTE], abogado/a con número de colegiado/a [NÚMERO] del Iltre. Colegio de Abogados de [LOCALIDAD], comparezco y como mejor proceda en derecho,

DIGO

I.- Con fecha [FECHA] el juzgado al que me dirijo dictó sentencia [NÚMERO] recaída en los autos del procedimiento [ESPECIFICAR] estimatoria del recurso contencioso-administrativo interpuesto por mí en nombre y representación de don/doña [NOMBRE_CLIENTE], por la cual se condenaba al Ayuntamiento de [ESPECIFICAR] al pago de [ESPECIFICAR] euros.

II.- El referido ayuntamiento no ha procedido al pago de la anterior cantidad, pese a que ha transcurrido sobradamente el plazo de tres meses señalado en el artículo 106.3 de la Ley 29/1998, de 13 de julio (en adelante, LJCA). Toda vez que a esta parte no le consta que se haya interpuesto ningún tipo de recurso contra la sentencia [NÚMERO] ya mencionada, me veo en situación de tener que formular la presente **DEMANDA DE EJECUCIÓN FORZOSA.**

A las anteriores consideraciones le son de aplicación los siguientes,

FUNDAMENTOS DE DERECHO

A) JURÍDICO-PROCESALES:

I.- JURISDICCIÓN Y COMPETENCIA

El artículo 1.1 de la LJCA indica que los juzgados y tribunales del orden contencioso-administrativo conocerán de las pretensiones que se deduzcan en relación con la actuación de las Administraciones públicas sujetas a derecho administrativo. Por su parte, corresponde el conocimiento de la presente pretensión al órgano al que me dirijo por haber sido quien dictó sentencia en primera instancia, en virtud de lo señalado en el artículo 103.1 de la LJCA.

De conformidad con el artículo 106 de la LJCA, le corresponde la legitimación activa en el presente procedimiento a mi representado/a, [NOMBRE_CLIENTE], mientras que la legitimación pasiva le corresponde a la Administración condenada en la sentencia [NÚMERO] cuya ejecución se interesa, esto es, el Ayuntamiento de [ESPECIFICAR].

II.- POSTULACIÓN

Por lo que respecta a la postulación, esta parte se encuentra representada por procurador y asistida técnicamente por letrado de conformidad con lo establecido en el artículo 23 de la LJCA **(1)**.

III.- PROCEDIMIENTO

El procedimiento a seguir es el establecido en los artículos 103 y ss. de la LJCA, dedicados a la ejecución de sentencias.

IV.- CUANTÍA

La cantidad que se reclama, haciendo uso de lo dispuesto en el artículo 575 de la LEC, norma de aplicación supletoria a la LJCA, es de [NÚMERO] euros; cantidad que se corresponde a la reclamación del principal de [NÚMERO] euros, sumada a la cantidad de [NÚMERO] euros, estimada para intereses y costas del procedimiento.

V.- COSTAS

Las costas deben imponerse al Ayuntamiento de [ESPECIFICAR], en cuanto deudor, en virtud de lo dispuesto en el artículo 139 de la LJCA **(2)**, y, en aplicación del artículo 583 de la LEC, aun cuando pague en el acto de requerimiento.

B) JURÍDICOS-MATERIALES:

Como señala el artículo 106.3 de la LJCA, transcurridos tres meses desde que la sentencia firme sea comunicada al órgano que deba cumplirla, se podrá instar la ejecución forzosa.

Por lo anteriormente expuesto,

SOLICITO AL JUZGADO:

Que se tenga por presentado este escrito y por formalizada la demanda de ejecución de sentencia [NÚMERO], admita los documentos que se acompañan, y acuerde dictar decreto despachando ejecución contra los bienes y derechos de los que sea titular el Ayuntamiento de [ESPECIFICAR] en cantidad suficiente para hacer frente a los [NÚMERO] euros reclamados como principal más los [NÚMERO] euros en concepto de intereses y costas del procedimiento acordando los embargos que sean necesarios hasta su completo pago.

En [LOCALIDAD], a [DÍA] de [MES] de [AÑO]

El/La letrado/a D./D.ª [NOMBRE]   El/La procurador/a D./D.ª [NOMBRE]

[NÚMERO_COLEGIADO_ABOGADO/A_   [NÚMERO_COLEGIADO_PROCURADOR/A_
CLIENTE]   CLIENTE]

OTROSÍ DIGO: De conformidad con lo previsto en el 589 de la LEC, se requiera al Ayuntamiento de [ESPECIFICAR] para que manifieste bienes y derechos suficientes para hacer frente a la cuantía de la ejecución.

En lugar y fecha *ut supra*.

El/La letrado/a D./D.ª [NOMBRE]   El/La procurador/a D./D.ª [NOMBRE]

[NÚMERO_COLEGIADO_ABOGADO/A_   [NÚMERO_COLEGIADO_PROCURADOR/A_
CLIENTE]   CLIENTE]

---

(1) Ante órganos unipersonales, las partes podrán conferir su representación a un procurador y serán asistidas, en todo caso, por abogado; ante órganos colegiados, las partes deberán

conferir su representación a un procurador y ser asistidas por abogado, así lo prevé el artículo 23 de la LJCA modificado por Real Decreto-ley 6/2023, de 19 de diciembre, con efectos desde el 20/03/2024.

(2) El artículo 139.4 de la LJCA ha sido modificado por Real Decreto-ley 6/2023, de 19 de diciembre, con efectos a partir del 20/03/2024.

Escrito de parte instando la ejecución de sentencia contencioso-administrativa ante el juzgado de lo contencioso-administrativo

A TENER EN CUENTA. El artículo 104.1 de la LJCA ha sido modificado por el Real Decreto-ley 6/2023, de 19 de diciembre, en vigor desde 20/03/2024, de forma que se refiere a la comunicación inicial de la firmeza de una sentencia directamente al órgano previamente identificado como responsable del cumplimiento de la misma, suprimiéndose la obligación de indicar cuál será ese órgano en el plazo de 10 días previsto.

AL JUZGADO DE LO CONTENCIOSO-ADMINISTRATIVO (1)

Don/Doña [NOMBRE_PROCURADOR_CLIENTE], procurador/a de los tribunales de [LUGAR], con n.º de colegiado/a [NÚMERO], actuando en nombre y representación de **don/doña** [NOMBRE_CLIENTE], con DNI [NÚMERO], representación que consta acreditada en autos de referencia, bajo la dirección técnica de **don/doña** [NOMBRE_ABOGADO/A_CLIENTE], abogado/a con número de colegiado/a [NÚMERO] del Iltre. Colegio de Abogados de [LOCALIDAD], ante el juzgado comparezco y como mejor proceda en derecho,

DIGO

Por medio del presente, conforme a lo dispuesto en el artículo 104 **(2)** de la Ley 29/1998, de 13 de julio, reguladora de la Jurisdicción Contencioso-administrativa (en adelante, LJCA), formulo **SOLICITUD DE EJECUCIÓN FORZOSA** de la sentencia de [FECHA], en base a los siguientes hechos y fundamentos de derecho:

HECHOS

PRIMERO.- Dentro del procedimiento [NÚMERO], en [FECHA] se dictó sentencia por este [JUZGADO] estimatoria de la demanda condenando a la administración a [DESCRIPCIÓN].

SEGUNDO.- La sentencia ha sido comunicada conforme a lo que establece el apartado primero del artículo 104 **(2)** de la Ley 29/1998, de 13 de julio, reguladora de la Jurisdicción Contencioso-administrativa (en adelante, LJCA) el [FECHA].

TERCERO.- Transcurridos dos meses desde la comunicación de la sentencia, esta todavía no se ha cumplido. Por ello insto su ejecución forzosa en este escrito, de acuerdo con lo establecido en el apartado segundo del artículo 104 **(2)** de la LJCA.

FUNDAMENTOS DE DERECHO

PRIMERO.- En virtud de lo establecido en el artículo 104.2 de la LJCA, una vez transcurridos dos meses o, en su caso, el plazo que se haya fijado para el cumplimiento del fallo, a partir de la comunicación de la sentencia, cualquiera de las partes y personas afectadas podrá instar su ejecución forzosa. Véanse las SSTS, n.º 1257/2020, de 5 de octubre, ECLI:ES:TS:2020:3180, y **n.º 441/2021, de 25 de marzo, ECLI:ES:TS:2021:1145.**

SEGUNDO.- Es competente para conocer de este asunto el [JUZGADO] al que me dirijo, en virtud del artículo 103.1 de la LJCA.

TERCERO.- Esta parte se encuentra legitimada para formular la presente solicitud según lo que establece el artículo 104.2 de la LJCA.

CUARTO.- Esta parte actúa representada por procurador y asistida técnicamente por letrado de conformidad con lo establecido en el artículo 23 de la LJCA **(3)**.

CUARTO.- El Tribunal Constitucional ha señalado reiteradamente que el derecho a la ejecución de las sentencias forma parte del derecho a la tutela judicial efectiva del artículo 24 de la Constitución Española, pues si así no fuera *«(...) las decisiones judiciales y los derechos que en ellas se reconocen no serían otra cosa que meras declaraciones de intenciones sin alcance práctico ni efectividad alguna»*. STC n.º 240/1998, de 15 de diciembre, ECLI:ES:TC:1998:240, y **STS, rec. 3227/2014, de 21 de diciembre de 2015, ECLI:ES:TS:2015:5468**, entre otras. En el mismo sentido, se ha establecido que incumbe al órgano judicial adoptar las medidas necesarias para el efectivo cumplimiento de lo acordado.

QUINTO.- Puesto que han transcurrido los tres meses que indica el artículo 106.3 de la LJCA, desde que se ha comunicado la sentencia y esta no se ha cumplido, y entendiendo que concurre falta de diligencia en el cumplimiento, solicito a este [JUZGADO] que se incremente en dos puntos el interés legal a devengar por concluir falta de diligencia en el cumplimiento **(4)**.

Es por todo ello que,

SOLICITO AL JUZGADO:

Primero.- Que tenga por presentado este escrito y las copias que lo acompañan y se sirva a admitirlo.

Segundo.- Que se tenga por solicitada la ejecución forzosa respecto de la sentencia n.º [NÚMERO] y se resuelva exigir el cumplimiento de la Administración de [DESCRIPCIÓN].

Tercero.- Que se acuerde el incremento en dos puntos de los correspondientes intereses, oído el órgano encargado de hacer efectiva la sentencia, tal y como exige el artículo 106.3 de la LJCA **(4)**.

En [LOCALIDAD], a [DÍA] de [MES] de [AÑO]

El/La letrado/a D./D.ª [NOMBRE] El/La procurador/a D./D.ª [NOMBRE]

[NÚMERO_COLEGIADO_ABOGADO/A_ CLIENTE] [NÚMERO_COLEGIADO_PROCURADOR/A_ CLIENTE]

---

(1) Conocerán de las materias establecidas en el artículo 8 de la LJCA.

(2) El artículo 104.1 de la LJCA ha sido modificado por el Real Decreto-ley 6/2023, de 19 de diciembre, en vigor a partir del 20/03/2024.

(3) Ante órganos unipersonales, las partes podrán conferir su representación a un procurador y serán asistidas, en todo caso, por abogado; ante órganos colegiados, las partes deberán conferir su representación a un procurador y ser asistidas por abogado, así lo prevé el artículo 23 de la LJCA modificado por Real Decreto-ley 6/2023, de 19 de diciembre, con efectos desde el 20/03/2024.

(4) Para el caso de que se condene a la Administración al pago de cantidad líquida conforme al artículo 106 de la LJCA.

Demanda de ejecución de sentencia contencioso-administrativa de condena a la anulabilidad de un acto o disposición

AL JUZGADO DE LO CONTENCIOSO-ADMINISTRATIVO DE [ESPECIFICAR] (1)

Don/Doña [NOMBRE_PROCURADOR_CLIENTE], procurador/a de los tribunales de [LUGAR], con n.º de colegiado/a [NÚMERO] actuando en nombre y representación de **don/doña** [NOMBRE_CLIENTE], con DNI [NÚMERO], representación que consta acreditada en autos de referencia, bajo la dirección técnica de **don/doña** [NOMBRE_ABOGADO/A_CLIENTE], abogado/a con número de colegiado/a [NÚMERO] del Iltre. Colegio de Abogados de [LOCALIDAD], comparezco y como mejor proceda en derecho,

DIGO

PRIMERO.- Con fecha [FECHA] el juzgado al que me dirijo dictó sentencia [NÚMERO] recaída en los autos del procedimiento [ESPECIFICAR] por la que se condenaba a la Administración a [ESPECIFICAR] **(2)**.

SEGUNDO.- No habiéndose procedido a la anulación acordada en la sentencia y transcurrido el plazo de dos meses o el fijado, en su caso, para su cumplimiento, establecido en el artículo 104.2 de la Ley 29/1998, de 13 de julio, reguladora de la Jurisdicción Contencioso-administrativa (en adelante LJCA), me veo en la situación de tener que formular la presente **DEMANDA DE EJECUCIÓN FORZOSA**.

A las anteriores consideraciones le son de aplicación los siguientes fundamentos de derecho,

FUNDAMENTOS DE DERECHO

A) JURÍDICO-PROCESALES

PRIMERO.- JURISDICCIÓN Y COMPETENCIA

El artículo 1.1 de la LJCA indica que los juzgados y tribunales del orden contencioso-administrativo conocerán de las pretensiones que se deduzcan en relación con la actuación de las Administraciones públicas sujetas a derecho administrativo. Por su parte, corresponde el conocimiento de la presente pretensión al órgano al que me dirijo por haber sido quien dictó sentencia en primera instancia, en virtud de lo señalado en el artículo 103.1 de la LJCA.

De conformidad con los artículos 104.2 y 107 de la LJCA, le corresponde la legitimación activa en el presente procedimiento a mi representado/a, [NOMBRE_CLIENTE], mientras que la legitimación pasiva le corresponde a la Administración condenada en la sentencia [NÚMERO] cuya ejecución se interesa, esto es, [ESPECIFICAR].

SEGUNDO.- POSTULACIÓN

Por lo que respecta a la postulación, esta parte se encuentra representada por procurador y asistida técnicamente por letrado de conformidad con lo establecido en el artículo 23 de la LJCA **(3)**.

TERCERO.- PROCEDIMIENTO

El procedimiento a seguir es el establecido en los artículos 103 y siguientes de la LJCA, dedicados a la ejecución de sentencias.

CUARTO.- COSTAS

Las costas deben ser impuestas a [ESPECIFICAR], en cuanto deudor, en virtud de lo dispuesto en el artículo 139 de la LJCA **(4)**.

B) JURÍDICOS-MATERIALES

PRIMERO.- Señala el artículo 104.2 de la LJCA que transcurridos dos meses o, en su caso, el plazo que se fije para el cumplimiento del fallo, desde la comunicación de la sentencia firme al órgano que deba cumplirla, las partes o personas afectadas podrán solicitar la ejecución forzosa.

SEGUNDO.- El artículo 107.1 de la LJCA se refiere al caso de que la sentencia firme contenga condena de anulación total o parcial del acto impugnado para cuyo caso contempla la inscripción del fallo, a instancia de parte, en los registros públicos a los que hubiese accedido y la publicación en periódicos oficiales o privados, acreditando, en este último caso, el interés público que lo justifique **(5)**.

Por lo anteriormente expuesto,

SOLICITO AL JUZGADO:

Primero.- Que tenga por presentado este escrito y por formalizada la demanda de ejecución de sentencia [NÚMERO], admita los documentos que se acompañan, y acuerde despachar la ejecución en los términos de la sentencia condenatoria.

Segundo.- Que acuerde la inscripción de la sentencia en el registro público [ESPECIFICAR] y su publicación en el periódico [ESPECIFICAR].

En [LOCALIDAD], a [DÍA] de [MES] de [AÑO]

El/La letrado/a D./D.ª [NOMBRE]   El/La procurador/a D./D.ª [NOMBRE]

[NÚMERO_COLEGIADO_ABOGADO/A_   [NÚMERO_COLEGIADO_PROCURADOR/A_
CLIENTE]   CLIENTE]

---

(1) Establece su competencia el artículo 8 de la LJCA.

(2) El artículo 107 de la LJCA se refiere al caso de que la sentencia firme condene a la anulación total o parcial del acto impugnado, de una disposición general o de un acto administrativo que afecte a una pluralidad indeterminada de personas.

(3) Ante órganos unipersonales, las partes podrán conferir su representación a un procurador y serán asistidas, en todo caso, por abogado; ante órganos colegiados, las partes deberán conferir su representación a un procurador y ser asistidas por abogado, así lo prevé el artículo 23 de la LJCA modificado por Real Decreto-ley 6/2023, de 19 de diciembre, con efectos desde el 20/03/2024.

(4) El artículo 139.4 de la LJCA ha sido modificado por Real Decreto-ley 6/2023, de 19 de diciembre, con efectos a partir del 20/03/2024.

(5) En su caso, «El artículo 107.2 de la LJCA se refiere al caso de que la sentencia firme contenga condena de anulación total o parcial de una disposición general o de un acto administrativo que afecte a una pluralidad indeterminada de personas, para cuyo caso contempla que se ordene de oficio por el letrado de la Administración de Justicia su publicación en el diario oficial en el plazo de 10 días desde la firmeza de la sentencia».

COLEX

LA EDITORIAL JURÍDICA DE REFERENCIA PARA LOS PROFESIONALES DEL DERECHO **DESDE 1981**

Paso a paso   Códigos comentados   Vademecum

Formularios   Flashes formativos   Colecciones científicas

DESCUBRA NUESTRAS OBRAS EN:

www.colex.es

Editorial Colex SL   Tel.: 910 600 164   info@colex.es